세일즈
멘토링

실전 영업 비법만 콕콕 찍어주는

세일즈 멘토링

초판 1쇄 인쇄 | 2011년 8월 1일
초판 1쇄 발행 | 2011년 8월 2일

지은이 | 오정환
펴낸이 | 김진성
펴낸곳 | 호이테북스
출판등록 | 2005년 2월 21일 제313-2005-000034호

기　획 | 김진성
편　집 | 신용진
디자인 | 장재승

주　소 | 서울시 은평구 증산동 178-14 2층
전　화 | 02)323-4421
팩　스 | 02)323-7753
e-mail | kjs9653@hotmail.com

ⓒ 오정환, 2011
값 13,000
ISBN 978-89-93132-22-9 13320

실전 영업 비법만 콕콕 찍어주는

세일즈
멘토링

호이테 북스
today

영업은 정신력 위에
기술력을 쌓는 것이다

_ 영업, 왜 제대로 가르치지 않는가?

아마 이 책을 집어든 그 누구도 어렸을 적 영업을 하겠다고 생각지는 않았을 것이다. 초·중·고등학교에 가서 물어보라. "이 다음에 커서 영업을 하고 싶은 사람 있습니까?"라고. 손을 드는 학생이 있다면, 좀 모자라는 놈이나 특이한 놈으로 여길 것이다. 이처럼 영업을 장래의 희망으로 말하는 사람은 거의 없다.

그러다 보니 영업을 가르치는 학교도 없다. 농고, 상고, 공고, 인터넷고, 애니메이션고, 요리고와 같은 특성화 고등학교는 있지만, 영업 고등학교는 없다. 이와 마찬가지로 대학에도 영업학과는 없다. 하물며 영업을 가르친다는 사설 학원도 필자는 아직 보지 못했다.

　그런데 정작 기업에서는 영업할 사람이 필요하다. 게다가 보험회사나 자동차 회사에서 활동하는 전문 영업인의 수는 헤아릴 수 없이 많다. 만드는 법만 가르치고, 파는 법을 가르치지 않으니 이런 불균형이 또 있을까. 제품을 아무리 잘 만들어도 팔지 못하면 기업은 망할 수밖에 없는데 말이다. 그런데도 학교에서 영업을 가르치지 않으니 뭔가 잘못돼도 한참 잘못됐다.

　필자는 많은 사람들이 영업을 시작했다가 얼마 못 가서 그만두는 것을 현장에서 수없이 목격했다. 대표적인 이유가 영업을 잘 모르기 때문이었다. 학교에서 가르치지 않으니 스스로 깨우치거나 혹은 입사 후에 배워야 하는데, 이 또한 만만치 않다.

　제법 규모가 있는 기업에서야 물론 신입사원 때부터 체계적으로 교육을 하지만, 작은 기업이나 새로 생긴 기업에서는 맨땅에 헤딩을 해야 한다. 하물며 규모가 있는 기업일지라도 영업소나 대리점 책임자의 역량에 따라 교육의 질이 좌우된다. 어디에 들어가느냐에 따라 영업인이 자신의 능력을 발휘할 수도 있고 그렇지 못할 수도 있는 셈이다.

　필자는 영업 초년생들이 자신의 잠재능력도 제대로 파악하지 못한 채 3개월도 못 버티고 포기하는 것을 보며 너무나 안타까웠다. 물론 영업은 쉽지 않은 일임에는 틀림없다. 하지만 영업을 시작하기 전에 교육과 훈련만 충분히 받는다면 3개월도 못 가서 그만두는 일은 드물 것이다.

_ 영업은 기술력과 정신력의 산물이다

사실 영업에는 두 가지 핵심적인 요소가 필요하다. 기술력과 정신력이 바로 그것이다. 어느 것이 먼저라고 단정할 수는 없겠지만, 둘 다 필요한 것만은 분명하다.

그렇다면 영업에서 기술이란 무엇일까? 고객을 만나 제품을 소개하고 판매하는 모든 기술을 말한다. 고객을 찾아내는 기술, 고객의 호감을 얻어내는 기술, 고객의 문제와 필요를 알아내는 기술, 제품을 설명하는 기술, 불만이나 이의사항을 처리하는 기술, 고객을 관리하는 기술 등이 여기에 포함된다. 이 가운데 어느 것 하나라도 부족하면 좋은 성과를 낼 수 없다.

그렇다면 정신력은 무엇일까? 포기하고 싶은 순간에도 포기하지 않는 끈기, 부끄럽고 낯설지만 고객에게 다가갈 수 있는 용기, 스스로를 끊임없이 채찍질하고 동기부여를 할 수 있는 마인드 컨트롤 등이 여기에 포함될 수 있다. 끊임없이 고객을 찾아 나서고, 수많은 거절을 이겨내며, 매출과 증원의 부담을 이겨내는 데 있어 정신력은 필수불가결의 요소다.

그런데 이런 기술력과 정신력은 하루아침에 얻어지는 게 아니다. 영업직으로 취업을 한 사람도 먹고 살아야 하기에 첫 달부터 어느 정도의 소득이 보장되어야 하지만, 기술이 부족하니 충분한 소득을 얻을 수 없다. 한두 달이야 어떻게 버틴다고 하지만, 그 기간이 길어지면 버틸 재량이 없다. 영업을 빨리 포기하는 이유가 바로 여기에 있다. 그런데 참 묘한 것은 정신력이 좋으면 기술이 부족하고, 기술이 뛰어나면 정신력이 부족한 사람이 많다는 것이다.

그렇다면 영업을 하는 데 있어 기술과 정신력은 타고나는 것일까 아니면 배워서 터득하는 것일까. 타고나는 것이라면 아마 이 책이 필요 없을 것이다. 결론부터 말하자면, 영업인은 태어나는 것이 아니라 만들어지는 것이다.

약간의 자질을 지니고 태어나는 사람이 물론 있기는 하다. 어떤 사람은 좀 더 사교적이고, 좀 더 참을성이 많고, 좀 더 열정적이고, 좀 더 도전적인 유전자를 갖고 태어날 수도 있다. 또한 어떤 사람은 천성적으로 말주변이 좋을 수도 있고, 좀 더 호감 있는 외모를 갖고 태어날 수도 있다.

그러나 이 모든 것은 타고나지 않았다고 하더라도 마음만 먹으면, 얼마든지 계발할 수 있는 것들이다. 이것은 20여 년 동안 영업 현장에서 판매를 하고, 교육을 하고, 책을 쓰고, 수없이 많은 영업인들을 지켜보며 필자가 얻은 결론이다. 그렇지 않다면 이 책은 무용지물이 될 것이다.

이 책은 원래 건강기능식품 분야의 방문판매 조직을 관리하며 주부사원들을 교육하기 위해 만든 것을 정리한 것이다. 그래서 읽기 쉽다. 사례들이 건강기능식품 위주로 되어 있지만, 보험, 화장품, 자동차 등에서도 얼마든지 활용이 가능하다.

그렇다면 이 책은 어떻게 구성되어 있을까?

이 책의 구성은 다음과 같다.

1장은 영업인들의 정신력을 키우는 방법을 다루었다. 처음부터 읽어가면서 자신에게 맞는 방법을 택해 훈련할 수도 있고, 마음에 드는 것만 읽어도 상관없다. 다만 이 책을 집어든 사람이 조직을 관리하는 사람이라면, 처음부터 읽어가며 교육용으로 활용하는 것이 좋을 것이다.

2장은 고객의 마음을 여는 기술을 다루었다. 영업은 고객에게 호감을 얻는 것에서 시작된다. 그러고 나야 그 다음으로 진행이 가능하다. 별로 호감이 가지 않은 사람의 상품 설명을 귀담아 들어줄 고객이 과연 얼마나 되겠는가?

3장에서는 탁월한 성과를 낼 수 있는 영업의 기술을 정리했다. 영업 현장에서 고객을 만나다 보면, 예기치 못한 고객의 태도에 당황할 때가 있게 마련이다. 막무가내로 가격을 깎아달라는 고객, 구매를 망설이는 고객 등과 같이 고객의 다양한 태도에 적절히 대응해 좋은 성과를 올릴 수 있는 방법들을 기술했다.

그리고 마지막 4장에서는 영업인이 가망고객의 사무실이나 집을 방문했을 때, 그곳에 있는 물건이나 가망고객의 행동을 통해 성격이나 성향을 파악해 어떻게 응대해야 하는지를 기술했다. 이 책을 읽고 당신이 현장에서 직접 적용을 해본다면 어떤 유형이건 성과를 올릴 수 있을 것이다.

영업은 만만한 것도 아니고, 그렇다고 어려운 것도 아니다. 강한 정신력에 기술만 알면 누구나 할 수 있는 게 영업이다. 만약 당신이 영업을 시작하기 전이라면 이 책을 읽고 영업 기술을 연마하며 3개월만 버텨라. 혹 시작은 했지만 갈등을 하고 있다면, 이 책이 당신을 재미있는 영업의 길로 안내할 것이다.

당신의 앞길에 이 책이 부디 밝은 빛이 함께 하기를 기원한다.

차례

강한 정신력을 기르는법

SALES MENTORING

정신력이
필요한 순간들

영업을 해본 사람은 안다. 영업을 처음 시작하면 주변 사람들의 시선이 곱지 않다는 것을. 더구나 평소 자주 만나던 친구들로부터 연락이 뜸해지고, 나를 피하고 있다는 느낌을 받으면 기분이 그리 좋지 않다.

게다가 상처를 주는 사람들은 대개가 평소 친하게 지내던 지인들이다. 그들은 당신은 위한다는 핑계로 온갖 부정적인 말들을 늘어놓는다. 이때, 대부분의 신입 영업인들은 첫 번째 갈등을 느낀다.

두 번째 갈등은 본격적으로 영업을 시작하고 나서 보통 1달 정도 지났을 때 생긴다. 생각대로 되지 않기 때문이다. 열심히 전단을 돌리고 여기저기 바쁘게 다니지만, 성과가 나지 않는다. 연고가 튼튼해서 처음 한두 달 반짝하는 사람도 그다음이 문제다. 그래도 타고난 정신력을 가진 영업인이라면 3개월은 버티지만, 그 이후부터는 출근하기가 싫어진다. 눈치가 보이기 때문이다.

누구나 한 번쯤 감기에 걸리듯 이러한 갈등은 영업인에게 흔히 나타나는 증상이다. 영업이라는 게 늘 좋은 일만 있는 것은 아니다. 영업에도 슬럼프가 있다. 어떤 때는 특별히 신경을 쓰지 않아도 여기저기서 주문전화가 오는데, 어떤 때는 부지런히 돌아다녀도 성과가 나지 않는다. 주저앉느냐, 일어나느냐는 정신력의 싸움은 결국 여기서 일어난다.

필자가 운영하는 블로그에 들어와 보았거나 혹은 필자의 책을 읽었던 영업인들이 가끔 이메일을 보내온다. 고민을 털어놓으며 답을 해달라고 말이다. 그때마다 필자는 정성껏 답장을 보낸다. 한 영업인의 경우에는 10번 이상 이메일을 교환한 적도 있다.

그중에서 여기에 이메일 3통을 소개한다. 첫 번째와 두 번째는 화장품 방문판매를 처음 시작한 여성분이 보낸 것이고, 세 번째는 제약회사에서 영업사원으로 첫발을 내딛은 이십대 후반의 남성이 보낸 것이다. 영업을 하는 사람이라면 누구나 겪는 고민이 이 안에는 들어있다.

≋@≋ 첫 번째 이메일

전 인맥으로 영업을 하기보다는 개척으로 시작했어요. 워낙 아는 사람도 없고, 그나마 있는 사람들도 선뜻 소개를 안 해주더군요. 워낙 세상물정을 모르고 살아서 이리저리 치이기도 하고, 나이 차가 많은 막내로 자라서인지 자립심도 없고,

큰일이 생기면 혼자 해결을 못하는 제 자신이 너무 싫어서 '진짜 강해져 보자' 라는 생각에 시작했는데, 정말 눈물이 앞을 가릴 때가 많네요.

전 일단 '인맥을 트자', '사람들하고 눈도장이라도 자주 찍자' 라는 생각에 전단지에 샘플을 붙여서 돌리고, 시간 나는 사람들한테는 핸즈 스크럽손을 부드럽게 하는 화장품 이나 립 마스크입술을 부드럽게 하는 화장품 를 주며, 제품을 경험하게 했습니다.

이렇게 해서 단품으로 물건을 구입한 사람들이 14명입니다. 전단지를 돌린 후에는 일하는 사람들한테 뭐라고 말을 붙이기가 어색해서 미용 상식을 뽑아서 돌리면서 인사하고, 얼마 전 화이트데이에는 리본까지 달아서 사탕도 나눠 주었어요. 그러고 나서 한 달이 조금 넘어가네요. 단품을 구입한 사람들은 추가구매가 아직 없고요. 가끔 립스틱 뭐 이 정도? 샘플을 써보고 가격을 물어보고는 비싸다고만 하고.

저는 필링제 세트를 많이 팔았는데, 그 안에 설 선물 세트로 로션이 들어 있었어요. 그것을 써본 사람들이 "로션이 좋다" 면서 "일단 쓰던 것 다 쓰고 나면 나머지 살게" 라고 하더라고요. 전 '쓰던 제품이 다 떨어지거나 살 여유가 생기면 사겠지' 라는 생각으로 기다렸는데, 아직 주문이 오지 않네요.

그러자 가까이 알고 지내는 동생이 이러더라고요. "한 달이 지났는데 추가구매가 없고, 화장품인데 세트로 안 들어가면 뭔가 문제가 있는 거 아냐?" 라고요. "대체로 여자들이 한두 개 써보고 정말 좋다고 느끼면 세트로 사게 마련인데……" 라면서 저보고 멍청하다고, 사람들이 말하는 걸 곧이곧대로 믿지 말고 파악을 하라고 하더군요.

그리고 센터에 가니 한 영업인이 샘플을 열 사람한테 돌렸는데, 3명한테 전화가 와서 스킨케어를 했다는 거예요. 전 100장도 넘게 돌렸는데……. 물론 저도 전화가 한 통 왔는데요, 가격을 물어보곤 비싸다고 끊더라고요.

저희 제품은 직접 느낄 수 있는 스킨케어를 통해 구입을 많이 하는데, 제가 개척한 곳은 밤낮이 바뀌어 일을 하는 곳이라 다들 피곤하다고 망설이더라고요. 스킨케어를 하면 풀 세트로도 많이 팔 수 있고, 더 좋다는 걸 고객들이 많이들 느끼실 텐데 그걸 못하니 답답증이 생깁니다.

회사에 대한 이런저런 설명을 듣고, '좋은 회사구나' 라고 생각했고, 아울러 제품이 너무 좋아 시작했습니다. 친언니와 일흔이 넘으신 어머니도 좋다고 하시는데, 정작 가장 가까이에 있는 몇 명 안 되는 지인들이 좋다는 반응을 안 하는 거예요. 시간이 지나면서 '아마도 절 지켜보는 중인가 보다' 라고 생각을 했어요.

센터에 가면 '정말 좋은 회사고, 좋은 제품들이고, 저만 열심히 하면 되겠구나!' 라며, '비록 장사에서는 실패했지만, 여기선 저 사람들처럼 성공이란 걸 할 수 있겠구나!' 라는 생각을 하죠. 그러나 밖에 나오면 모두 적인 것 같은 생각이 드네요.

그러다 보니 힘이 빠져서 일하는 횟수가 자꾸 줄어들더라고요. 이런저런 문제들도 막 생기고. 게다가 상사인 관리자는 제가 정말 힘들 때 가려운 곳을 박박 긁어 주고 이끌어 주면 좋겠는데, 이것을 잘 못해주시고요.

처음 교육을 같이 받던 어느 분이 보험을 잠깐 했다며 "영업을 하다 보면 가끔씩 가슴이 휑해질 때가 있다" 고 하더군요. 그 말이 무슨 의미인지 3번 정도 느꼈어요. 그럴 때면 눈물이 나려고 해요. 그래도 참죠. 약해질까 봐. 앞으로 그 느낌을 얼마나 더 느끼게 될지.

참았던 눈물을 펑펑 쏟으면서 "에잇, 못하겠다!" 라고 언제 놓아 버릴지 모르지만, 하는 데까지는 해보려고 안간힘을 쓰고 있어요. 일하면서 외롭다는 생각도 들지만, 이것을 극복해서 언젠가는 웃을 날이 오길 바라면서요.

≋@≋ 세 번째 이메일

안녕하세요? 오정환 선생님. 상쾌한 월요일입니다. 부산은 어제 비가 와서 상쾌하네요. 잘 지내시죠? 전 금주 내로 직장을 그만둬야 할 것 같습니다. 4개월 동안 실적을 내지 못해서 잘리는 거죠. 직장을 그만두게 되니 '왜 이렇게 영업을 못했나!' 라는 생각이 드네요. 그리고 곰곰이 생각을 해보니 다음과 같이 잘못한 점들만 보입니다.

1. 의사와 어느 정도 친분이 쌓였을 때에도 고객에게 약을 써달라거나 식사 한 번 같이 하자는 말을 건네지 못했습니다. 확실하게 써준다는 보장도 없는 고객에게 접대를 해 사장님에게 욕을 얻어먹을까봐 부딪치지 못한 점.
2. "조그마한 도매회사라 제약회사와의 경쟁에서 신규계약을 따내기가 힘들다" 는 선배의 부정적인 말들을 계속 가슴에 담고 최선을 다하지 않은 점.
3. 고객의 호감을 이끌고도 그 호감을 판매로 연결시키지 못한 점.
4. 사장과 부장 사이에서 유유부단하게 내 밥을 챙기지 못한 점.
5. 어르신을 대할 때 주눅이 든 점.
6. 부정적인 상사 밑에서 일한 점.
7. 좀 더 많은 준비를 하지 못한 점.

8. 뜻밖의 상황에 실수를 하고도 다음에 같은 실수를 반복한 점.

이밖에도 많겠지만, 이것들이 제가 영업을 하면서 가장 잘못했던 점인 것 같습니다. 신규계약을 따낸다는 것은 경력직으로 오신 분들에게도 힘든 일입니다. 하지만 누군가는 이런 상황에서도 따냅니다. 저는 제가 처한 상황을 부정적으로 보고 최선을 다하지 않았던 것 같습니다. 다른 회사보다 일비가 적거나 접대비가 나오지 않는다는 이런저런 핑계가 자꾸 제 생각을 부정적으로 만들었던 것 같습니다. 그리고 저는 책을 일주일에 2권씩 읽겠다고 결심했지만, 한 달에 5권 정도 읽고 있습니다. 책을 읽을 때 메모를 해가며 반복해서 읽지만, 실천을 하지는 못하고 있습니다.

언젠가 저에게 오지 말라고 문전박대를 하던 의사와 친해졌을 때는 정말 기분이 좋았습니다. 저에게 정보도 주시고 예전처럼 모른 체 하지도 않으셔서 사람을 대할 때는 무엇을 팔기보다는 그 사람이 필요로 하는 것을 먼저 주어야 한다는 것을 깨닫게 되면서 '나도 할 수 있겠구나!' 라는 생각이 들었습니다.

그런데 정작 약은 팔지 못했습니다. 써주신다는 분도 계셨지만, 팔지는 못했습니다. 그래서 지금은 정말 '영업직이 적성에 맞는가?' 라는 생각도 들고, 나가서 뭘 해야 할지 고민이 됩니다. '이번에 회사를 그만두면 자격증과 토익 점수를 올려서 큰 회사로 갈까?' 아니면 '영업직이 아닌 관리직 쪽으로 해볼까?' 라는 고민도 하고 있습니다. 적성을 찾아서 일을 한다는 것은 정말 어려운 것 같습니다. 적성이 맞는지 아닌지를 모르니까요.

이런 이메일을 받고 필자는 정성스럽게 답장을 하면서 많은 고민에 빠졌다. '이들에게 용기를 주려면 어떻게 해야 하나?', '영업은 이렇게 힘들기만 한 것일까?', '영업을 하는 사람들이 절망하지 않고, 아니 절망하더라도 다시 오뚝이처럼 일어날 수 있는 힘은 어디에서 오는 것일까?'와 같은 고민 말이다. 이런 질문은 결국 '정신력'으로 이어졌다. 정신력만 있다면, 정신력으로 버틸 수만 있다면, 정신력으로 포기만 하지 않는다면 영업은 누구에게나 성공을 보장하기 때문이었다.

그렇다면 정작 영업인들에게 정신력이 필요한 순간은 언제일까? 다음과 같은 때가 될 것이다.

〰 영업인들에게 정신력이 필요한 순간

01. 1주일 이상 돌아다녔는데, 성과가 전혀 없을 때

02. 자신 있게 영업을 시작했는데, 원하는 성과가 나오지 않을 때

03. 오전에 한 계약을 오후에 파기하겠다고 전화가 왔을 때

04. 3년 정도 영업을 한 후 영업이 지겹다는 생각이 들 때

05. 명함과 전단지를 수천 장 뿌렸는데, 전화 한 통 없을 때

06. 가족이 강하게 반대할 때

07. 자녀들의 성적이 자꾸 떨어질 때

08. 관리자가 나를 실망시킬 때

09. 개척판매를 위해 알지 못하는 집을 방문할 때

10. 여러 사람 앞에서 상품 설명을 하는데, 곤란한 질문을 받았을 때

11. 불볕더위나 엄동설한에 개척을 할 때

12. 자존심 상하는 말을 들었을 때

13. 타성에 젖어 하루하루를 보내고 있을 때

14. 성과에 대한 스트레스가 심할 때

15. 체력의 한계를 느낄 때

16. 수입이 기대만큼 안 될 때

영업인이라면 한 번 이상 이런 순간을 경험했을 것이다. 영업을 하며 실망하거나 포기하고 싶은 순간이 어디 한두 번이었겠는가. 이때 쓰러지느냐, 다시 일어서느냐는 영업 기술이 아니라 정신력의 문제다. 정신력이 강한 사람은 버틸 수 있고, 정신력이 약한 사람은 포기가 빠르다. 영업을 위해 타고난 천재라도 정신력이 없으면 탁월한 성과를 얻을 수 없다. 따라서 무엇보다 정신력부터 키워야 한다. 정신력을 키우는 방법을 알아보기 전에 우선 당신이 비관주의자인가 낙관주의자인지 알아보자.

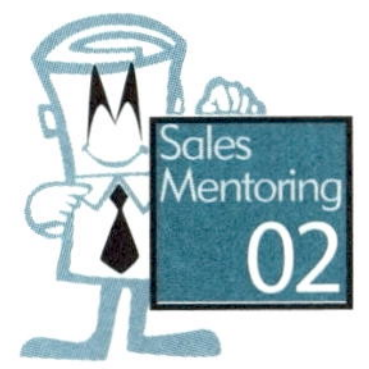

낙관주의자인가
비관주의자인가?

영업인에게 '낙관성'은 아주 중요한 정신 자세 중 하나다. 지금 자신의 상태를 낙관적으로 보는 영업인은 결코 포기하지 않는다. 따라서 당신이 낙관주의자인지 비관주의자인지 먼저 파악하고, 비관주의자라면 낙관주의자가 되기 위해 노력해야 한다.

다음에 나오는 문항들은 영업인의 낙관주의를 검사하기 위한 질문들이다. 미국 펜실베니아 대학교의 심리학과 교수인 마틴 셀리그먼이 쓴 《긍정심리학》과 《학습된 낙관주의》에 나오는 낙관주의 검사에 대한 질문을 영업인들에 맞게 바꿔 보았다.

여기에는 맞는 답도 없고 틀린 답도 없다. 당신의 행동이나 생각과 비슷하다고 생각하는 쪽에 표시를 하면 된다. 물론 한 번도 경험하지 못한 상황도 있을 수 있다. 하지만 상관없다. 나라면 어떻게 할지 생각하고 비슷한 쪽에 표시를 하면 된다. 괄호 안에 있는 개악이나 개선 같은 것에는 신경을 쓰지 말고 우선 선택부터 하라. 나중에 차차 알게 된다.

낙관주의 검사 문항

번호		
1	몸무게가 많이 늘었다. (개악)	
	가. 요즘 식사량은 늘고 운동은 부족했다.	1
	나. 나는 살이 찌는 체질이라 어쩔 수 없다.	0
2	큰 계약을 성사시켰다. (개선)	
	가. 나는 상담능력이 뛰어나다.	1
	나. 계약자에게 꼭 필요한 계약이었다.	0
3	종일 전단지를 돌리며 판촉을 했지만. 성과가 없었다. (영악)	
	가. 영업은 원래 힘들다.	1
	나. 오늘은 지역을 잘못 택했다.	0
4	오늘 조직에서 최고의 매출을 올렸다.(영선)	
	가. 오늘은 운 좋게 주문전화가 많았다.	0
	나. 나는 조직에서 영업능력이 가장 뛰어나다.	1
5	요즘 몹시 짜증이 난다.(영악)	
	가. 나는 스트레스를 받으면 짜증이 난다.	1
	나. 이번 주는 신경쓸 일이 많았다.	0
6	1주일 동안 개척영업을 했는데, 한 건도 계약을 하지 못했다. (악파)	
	가. 그 지역은 영업하기에 적당하지 않다.	0
	나. 나는 개척영업에 소질이 없다.	1
7	직장 동료와 말다툼을 한 뒤 화해를 했다. (영선)	
	가. 나는 항상 용서하려고 한다.	1
	나. 나는 그 직장 동료를 용서했다.	0

8	입금이 늦어지는 고객 때문에 힘들었다. (영악)	
	가. 경기가 안 좋아 그런 것이다.	0
	나. 고객 때문에 수금이 늦어 곤란할 때가 자주 있다.	1
9	고객에게 상품 설명을 성공적으로 마쳤다. (영선)	
	가. 그날따라 술술 설명이 잘 됐다.	0
	나. 나는 언제나 상품 설명을 잘한다.	1
10	고객이 함께 점심을 먹자고 전화를 했다. (영선)	
	가. 나는 고객에게 호감을 주는 사람이다.	1
	나. 얼마 전 고객의 문제를 해결해 줬다.	0
11	고객이 자신의 고객관리에 불만을 터트렸다. (악파)	
	가. 나는 그 고객에게 실수를 했다.	0
	나. 나는 고객관리가 미숙하다.	1
12	증원 대상자가 출근하겠다고 약속을 했다. (영선)	
	가. 나는 증원하는 데 특별한 재주가 있다.	1
	나. 나는 그 사람에게 정말 최선을 다했다.	0
13	고객과의 중요한 약속을 깜박 잊었다. (악파)	
	가. 나는 가끔 수첩을 확인하는 것을 잊어버린다.	0
	나. 나는 가끔 약속을 잊어버린다.	1
14	한 고객이 당신에게 기분 나쁜 말을 했다. (영악)	
	가. 그 고객이 기분 나빠서 내게 화풀이를 한 것이다.	0
	나. 그 고객은 늘 상대방을 배려하지 않고 함부로 말한다.	1
15	이번 달에 월급을 많이 받았다. (영선)	
	가. 이번 달은 우연히 일이 잘됐다.	0
	나. 나는 월급을 많이 받기 위해 항상 노력한다.	1
16	팀원들이 내가 준비한 음식에 거의 손을 대지 않았다. (악파)	
	가. 나는 원래 요리를 잘 못한다.	1
	나. 음식을 정성껏 만드는 데 시간이 부족했다.	0
17	오늘 중요한 계약을 성사시켰다. (선파)	

	가. 오늘 그 계약을 위해 최선을 다했다.	O
	나. 나는 모든 일을 열심히 하려고 노력한다.	1
18	최근 고객과 말다툼을 했다. (개악)	
	가. 그 고객이 상식에 어긋나는 요구를 했다.	O
	나. 요즘 내가 신경이 날카로워져 있다.	1
19	고객이 재구매 의사를 밝혔다. (선파)	
	가. 나는 모든 고객에게 도움을 준다.	1
	나. 그 고객에게 도움이 되어 기쁘다.	O
20	일주일 전에 성사된 계약이 해지되었다. (악파)	
	가. 나는 완전판매를 하는 능력이 부족하다.	1
	나. 그 고객에게 상품에 대한 설명이 부족했다.	O
21	겨울에 떨어진 매출이 좀처럼 오르지 않는다. (영악)	
	가. 요즘 내 영업방법에 문제가 많다.	O
	나. 경기가 안 좋아서 그렇다.	1
22	관리하는 팀원 중 한 명이 회사를 그만두었다. (악파)	
	가. 그 팀원에게 섭섭하게 한 적이 있다.	O
	나. 나는 조직관리에 허점이 많다.	1
23	고객의 요구에 잘 맞춰 계약에 성공했다. (개선)	
	가. 나는 고객의 마음을 잘 읽는다.	1
	나. 고객이 자신의 속내를 숨기지 않았다.	O
24	고객에게 감사의 전화를 받았다. (선파)	
	가. 나는 모든 고객에게 친절하다.	1
	나. 나는 그 고객에게 아주 잘 해주었다.	O
25	중요한 상담에서 성공하지 못했다. (악파)	
	가. 나는 고객과의 상담능력이 부족하다.	1
	나. 나는 준비 없이 상담에 임했다.	O
26	일 년 내내 매출액이 고르다. (개선)	
	가. 나는 좋은 고객을 참 많이 만났다.	O

	나. 나는 매출을 일정하게 유지하기 위해 많은 노력을 한다.	1
27	부담스러운 매출 목표를 기어이 해냈다. (선파)	
	가. 나는 이번 달에 정말 열심히 일했다.	0
	나. 나는 능력 있는 영업인이다.	1
28	고객이 제품에 문제가 있다고 반품을 요청했다. (개악)	
	가. 고객의 제품에 대한 이해가 부족했다.	0
	나. 제품의 효과나 사용법을 제대로 설명하지 않았다.	1
29	내 팀이 최고의 성과를 올렸다. (개선)	
	가. 내가 팀원들을 잘 관리했기 때문이다.	1
	나. 팀원들 모두 노력을 많이 했기 때문이다.	0
30	다른 동료가 나에게 판매 기술을 물었다. (선파)	
	가. 나는 판매 기술을 잘 알고 있다.	0
	나. 나는 다른 동료에게 유익한 조언을 많이 하는 편이다.	1
31	직장 동료가 내게 저녁을 샀다. (개선)	
	가. 그 동료에게 생각지도 않던 돈이 생겼기 때문이다.	0
	나. 내가 그 동료를 많이 도와줬기 때문이다.	1
32	마감시간이 지난 뒤에 간신히 입금을 마감했다. (영악)	
	가. 이번엔 수금이 늦어져 어쩔 수 없었다.	0
	나. 자주 입금을 늦게 하는 편이다.	1
33	최고의 매출을 올렸다. (선파)	
	가. 나는 영업에 자신이 있다.	0
	나. 나는 아주 능력이 많은 사람이다.	1
34	차를 몰고 고객의 집을 찾아가다 길을 잃었다. (개악)	
	가. 고객이 길을 엉터리로 가르쳐 주었다.	0
	나. 나는 길을 찾는 데 서투르다.	1
35	그만두겠다는 동료를 설득해서 계속 일하도록 했다. (선파)	
	가. 나는 다른 사람에게 동기부여를 잘 한다.	1
	나. 나는 그 동료를 잘 설득했다.	0

36	장시간 상담을 했지만, 계약에 실패했다. (개악)	
	가. 나는 상담능력이 부족하다.	**1**
	나. 고객의 고집이 아주 세다.	**0**
37	농담을 했더니 다들 웃었다. (개선)	
	가. 내가 한 유머는 재미있는 내용이다.	**0**
	나. 나는 유머감각이 있다.	**1**
38	고객에게 감사의 선물을 했는데, 마음에 들어 하지 않는다. (개악)	
	가. 그 고객의 성격이 까다롭다.	**0**
	나. 나는 선물을 고를 때 생각을 많이 하지 않는 편이다.	**1**
39	오늘 영업은 정말 힘들었다. (영악)	
	가. 영업은 언제나 힘든 노동이다.	**1**
	나. 오늘은 까다로운 고객을 만나 신경을 많이 썼다.	**0**
40	한 고객이 다른 고객을 소개했다. (선파)	
	가. 그 고객에게 신뢰감을 주었다.	**0**
	나. 나는 모든 고객한테 신뢰감을 주고 있다.	**1**
41	팀장으로 승진했다. (영선)	
	가. 나도 팀장이 될 때가 되었다.	**0**
	나. 나는 관리능력이 뛰어나다.	**1**
42	고객에게 약속을 신청했다가 거절당했다. (악파)	
	가. 나는 그날 기분이 나빴다.	**1**
	나. 고객과 약속시간이 맞지 않았다.	**0**
43	중요한 회의에 대표로 참석하게 되었다. (개선)	
	가. 내가 가장 유능하기 때문이다.	**1**
	나. 다른 동료들은 시간을 내기가 힘들었다.	**0**
44	동료에게 개척활동을 같이 하자고 했다가 거절당했다. (개악)	
	가. 내가 개척판매를 하는 능력이 부족하기 때문이다.	**1**
	나. 그 동료가 개척활동을 좋아하지 않기 때문이다.	**0**
45	회식에 참석하여 동료들과 아주 즐거운 시간을 보냈다. (개선)	

	가. 동료들은 모두 좋은 사람들이다.	0
	나. 나는 동료들과 잘 어울린다.	1
46	고객과 약속을 했는데, 30분 정도 늦게 도착했다. (영악)	
	가. 나는 다른 일을 하느라 종종 약속시간에 늦을 때가 있다.	1
	나. 오늘 따라 도로 사정이 안 좋았다.	0
47	여러 고객에게 재구매를 요청했는데 거절당했다. (개악)	
	가. 경기가 안 좋아졌기 때문이다	0
	나. 내가 취급하는 제품의 효과를 잘 설명하지 않았다.	1
48	일주일 만에 신규고객을 만들었다. (영선)	
	가. 그 고객이 나를 기다리고 있었다.	0
	나. 나는 영업능력이 탁월하다.	1

자, 그럼 이제 다음의 점수표에 점수를 매겨보자.

〈점수표〉

영 악	( )개	영 선	( )개
악 파	( )개	선 파	( )개
개 악	( )개	개 선	( )개

영악점수+ 악파점수 = ( )개

{영선 + 선파 + 개선: ( )개} - {영악 + 악파 + 개악: ( )개} = ( )개

이 점수표를 보고 '어떻게 하라는 거야?'라고 당황하는 사람도 있을 것이다. 아직 점수표에는 신경을 쓰지 마라. 그냥 건너뛰어라. 바로 뒤에 점수를 어떻게 매기는지, 그 점수가 무엇을 뜻하는지 알게될 것이다.

우선 앞의 질문들이 무엇을 의미하는지 한 번 알아보자. 이 질문에 점수를 매기고 그 점수가 무엇을 의미하는지 알아보면, 당신이 평소 낙관적인 생각을 가지고 영업을 하는지 비관적인 생각을 가지고 영업을 하는지 알 수 있다. 자, 그럼 우선 영속성부터 알아보도록 하자.

1) 영속성

영업을 쉽게 포기하는 비관적인 영업인들은 1~2주, 아니면 한두 달 열심히 일하다 성과가 좋지 않으면 이런 상황이 앞으로도 계속될 것이라고 생각한다. 그러나 쉽게 포기하지 않는 낙관적인 영업인들은 좋지 않은 상황이 곧 끝나고 앞으로 많은 성과를 올릴 수 있을 것이라 기대한다. 〈표1〉을 보자.

〈표1〉

비관적	낙관적
· "나쁜 상황이 계속될 것이다." · "지금까지 허탕을 쳤는데, 내일이라고 더 나아지겠어?" · "지금까지 안 된 것을 보면 증원은 참 힘든 일이다."	· "지금 상황은 일시적이다." · "앞으로 좋아질 거야!" · "마땅한 증원 대상자가 곧 나타날 것이다."

비관적인 영업인들은 나쁜 일이 일어났을 때, 그 상황이 앞으로도 계속 이어질 것이라고 생각한다. 그러나 낙관적인 영업인들은 안 좋은 상황을 일시적인 것으로 생각해 곧 좋아질 것이라는 희망을 갖는다.

앞에서 당신이 했던 검사에서 '영악'으로 표시한 8가지 문항을 찾아보라. 여기서 '영악'은 '영원이 나쁨'을 나타내는 것으로 3, 5, 8, 14,

21, 32, 39, 46번 문항이 여기에 해당한다. 이 문항들은 당신이 나쁜 일의 원인을 영속적인 것이라 생각하는지 일시적인 것이라 생각하는지 알려준다. 문항 뒤에 0이 붙은 것은 낙관적인 태도이고, 1이 붙은 것은 비관적인 태도다.

예를 들어 3번 문항을 보자. 하루 종일 전단지를 돌리며 판촉활동을 했지만 성과가 없었던 이유로 '영업은 원래 힘들다'를 선택했다면 비관적인 영업인이고, '오늘은 지역을 잘못 택했다'를 선택했다면 낙관적인 영업인이다.

오늘 하루 성과가 없다는 사실을 두고 비관적인 영업인은 영업이 본래 어렵고 힘든 일이니 앞으로도 계속 힘들 것이라 생각한다. 당연히 영업을 포기할 확률이 높다. 그러나 낙관적인 영업인은 오늘 하루 성과가 없었던 것을 영업이 어려워서가 아니라 단지 지역을 잘못 선택했다는 일시적인 현상으로 생각한다. 내일 지역을 바꾸면 좋아질 것이라 낙관하는 것이다.

이제 '영악' 문항 8개의 점수를 매겨 모두 더한 뒤 앞 점수표 '영악'칸에 적어보자. 더한 점수가 0~1은 매우 낙관적, 2~3은 상당히 낙관적, 4는 평균, 5~6은 상당히 비관적, 7~8은 매우 비관적인 영업인으로 이 책이 그 생각을 바꾸는 데 큰 도움이 될 것이다.

나쁜 일을 계속적인 것으로 생각하고 좋은 일을 일시적인 것으로 생각하는 비관적인 사람들과 반대로 나쁜 일을 일시적인 것으로 보고 좋은 일을 계속적인 것으로 보는 사람들이 있다. 바로 낙관적인 사람들이 그들이다. 다음의 〈표2〉를 보자

<表2>

비관적	낙관적
· "오늘은 운이 좋게 주문전화가 있었다." · "오늘 우연히 매출이 많았다." · "오늘따라 팀원들이 열심히 활동했어!"	· "나는 고객관리를 잘해서 항상 주문전화가 많다." · "나는 재능 있는 영업인이다." · "나는 능력 있는 팀장이라 팀원들이 열심히 일한다."

낙관적인 영업인은 계약을 한 건 성사시키면 자신이 능력 있는 영업인이니 당연한 결과라 생각하지만, 비관적인 영업인들은 재수가 좋다거나 우연히 그렇게 됐다고 생각하며 일시적인 현상으로 본다. 앞의 문항 4번을 보자. 당신이 속한 조직에서 최고의 매출을 올렸는데, 그 이유를 '오늘은 운 좋게 주문 전화가 많았다'라고 생각하면 비관적인 영업인이고, '나는 조직에서 영업능력이 가장 뛰어나다'라고 생각하면 낙관적인 영업인이다.

앞에서 당신이 했던 검사에서 '영선'으로 표시한 4, 7, 9, 10, 12, 15, 41, 48번을 찾아보라. 1을 선택했다면 낙관적인 답변이고, 0을 선택했다면 비관적인 답변이다. '영선' 문항 8개의 점수를 매겨 모두 더한 뒤 점수표 '영선'칸에 적어보자. 더한 점수가 7~8은 매우 낙관적, 6은 상당히 낙관적, 4~5는 평균, 3은 상당히 비관적, 0~2는 매우 비관적이다.

개척판매를 나가 계약이 성사된 것을 자신의 능력 때문이라고 믿는 영업인은 더욱 열심히 노력하게 마련이다. 반면 우연이나 일시적인 행운이라고 믿는 영업인은 다음번에 계약을 성사시키지 못하면 실망할 확률이 크다.

2) 보편성

앞에서 측정한 영속성이 시간에 관한 것이라면, 보편성은 공간에 관한 것이다. 영업인이 고객과 상담을 하던 중 기분 나쁜 일을 경험했다고 가정을 해보자. 어떤 영업인은 그 고객과 헤어지면서 모든 것을 잊고 새로운 고객을 찾아 나선다. 그러나 어떤 영업인은 그 상황을 머릿속에 담고 다니며 하루 종일 기분 나빠한다.

6번 문항을 보자. 1주일 동안 개척영업을 했는데, 한 건도 계약을 성사시키지 못한 이유가 단지 그 지역이 영업하기에 적당하지 않은 곳이라고 생각하면 낙관주의자이다. 왜냐하면 지역을 바꿔 다시 활동하면 계약을 할 수 있다고 생각하기 때문이다. 나쁜 일이 다른 지역으로 파급되지 않는 것이다.

그런데 영업인이 다른 지역에서 일을 해도 계약을 따내기가 어려울 것이라고 생각한다면 비관주의자다. 한 지역에서 나쁜 일이 다른 지역에까지 파급된다고 생각하기 때문이다. 나쁜 일의 파급성악파을 표시한 문항은 6, 11, 13, 16, 20, 22, 25, 42번이다. 이 문항의 점수를 채점하여 점수표 '악파'칸에 적어보자. 더한 점수가 0~1은 매우 낙관적, 2~3은 상당히 낙관적, 4는 평균, 5~6은 비관적, 7~8은 상당히 비관적이다.

이와 반대로 '선파'에 해당하는 문항을 살펴보자. '선파'는 좋은 일의 파급성을 측정하는 문항이다. 17, 19, 24, 27, 30, 33, 35, 40번 문항이 여기에 해당한다. 이 문항에서 1을 선택했다면 낙관적인 영업인이고, 0을 선택했다면 비관적인 영업인이다. 더한 점수가 7~8은 매우 낙관적, 6은 상당히 낙관적, 4~5는 평균, 3은 상당히 비관적, 0~2는 매우 비관적이다.

이제 4가지 점수를 알았다면 당신은 희망 지수를 산출할 수 있다. '영악'칸의 점수와 '악파'칸의 점수를 더하면 이것이 바로 당신의 희망 지수가 된다. 희망 지수가 0~2는 매우 희망적, 3~6은 상당히 희망적, 7~8은 평균, 9~11는 상당히 절망적, 12~16은 매우 절망적이다.

영업인들이 성과를 내지 못할 때, 이 상황을 영속적이며 보편적으로 보는 영업인은 좌절하거나 포기하는 경향이 강하다. 그러나 성과를 내지 못하는 것은 일시적인 현상이고, 지역이나 대상을 바꾸면 좋은 성과를 낼 수 있다고 믿는 영업인은 쉽게 절망하거나 포기하지 않는다.

3) 개인화: 내부 원인 대 외부 원인

성과를 내지 못할 때 '왜 나는 이렇게 무능력할까', '나는 영업에 재주가 없어', '영업을 하는 재주는 타고나는 거야'와 같이 원인을 자신의 탓으로 돌리는 영업인이 있는가 하면 '경기가 안 좋다', '고객들의 수준이 떨어진다', '제품의 인지도가 떨어진다'와 같이 그 원인을 외부에서 찾는 영업인이 있다.

나쁜 일의 원인을 외부에서 찾는 영업인은 내부에서 원인을 찾는 영업인보다 자부심이 강하다. 〈표3〉을 보면, 이를 금방 이해할 수 있다.

내부 원인(약한 자부심)	외부 원인(강한 자부심)
· "내가 무능력한 탓이다."	· "제품의 인지도가 떨어진다."
· "나는 영업에 재능이 없어."	· "경기가 너무 안 좋다."
· "내가 상품 설명을 제대로 못했어."	· "그 고객이 이해하지 못한다."

　자부심이 떨어지는 사람은 쉽게 포기하는 경향이 있다. '개악'은 '개인적으로 나쁨'을 표시한 것으로 나쁜 일이나 실패의 원인을 자신의 탓으로 돌리는 경향을 말한다. 검사 문항에서 1, 18, 28, 34, 36, 38, 44, 47번이 '개악'에 해당한다. 점수를 더하여 '개악'칸에 적어보라. 더한 점수가 0~1은 자부심이 매우 강한 편, 2~3은 자부심이 꽤 강한 편, 4는 평균, 5~6은 자부심이 꽤 약한 편, 7~8은 자부심이 매우 약한 편이다.

　'개악'의 반대로 '개선'은 좋은 일의 원인을 내부에서 찾는지 외부에서 찾는지를 알아보는 검사 문항이다. 좋은 성과를 냈을 때, 자신이 영업능력이 뛰어나서 좋은 결과가 나왔다고 믿는 영업인은 주변 상황 때문에 좋은 성과를 냈다고 믿는 영업인보다 자부심이 강하다. '개선'에 해당하는 문항은 2, 23, 26, 29, 31, 37, 43, 45번이다. 이들 문항의 점수를 '개선'칸에 적어보라. 더한 점수가 7~8은 매우 낙관적, 6은 상당히 낙관적, 4~5는 평균, 3은 상당히 비관적, 0~2는 매우 비관적이다.

　이것으로 48개 문항의 점수를 모두 매겨 보았다. 이제 그 점수를 계산해 보자. 우선 '악나쁜 일'자가 들어가는 항목영악+악파+개악 의 점수를 모두 더하라. 이것이 당신을 나타내는 비관주의 성향의 총점이다. 그 다음에 '선좋은 일'자가 들어가는 항목영선+선파+개선 의 점수를 모두 더하라. 이것이 당신의 낙관주의 성향의 총점이다. 마지막으로 선에서 악을 뺀 점수선-악가 당신의 최종 점수가 된다. 지금 매긴 3가지 점수로 당신의 낙관성 정도를 알아볼 수 있다.

악의 총점이 3~6은 놀라울 정도로 낙관적, 7~9는 꽤 낙관적인 편, 10~11은 평균, 12~14는 꽤 비관적, 14 이상은 위험할 정도로 비관적인 사람이다. 선의 총점이 19 이상은 매우 낙관적, 17~18은 꽤 낙관적, 14~16은 평균, 11~13은 꽤 비관적, 10 이하는 굉장히 비관적이다. 그리고 선에서 악을 뺀 최종 점수가 8 이상은 전체적으로 매우 낙관적인 사람, 6~7은 꽤 낙관적, 3~5는 평균, 1~2는 꽤 비관적, 0 이하는 매우 비관적인 사람이다.

이 검사에서 당신이 비관주의적인 영업인으로 드러났다면, 이는 문제가 된다. 영업을 하는 데 있어 비관주의자라면 삶 전체에서 비관주의자일 가능성이 높기 때문이다. 마틴 셀리그먼 교수는 비관주의자는 아마도 네 가지 영역에서 어려움을 겪게 될 것이라고 했다.

첫째, 그런 사람은 쉽게 우울해진다. 둘째, 자신이 하는 일에서 자기가 지닌 재능에 못 미치는 성과를 거둘 것이다. 셋째, 몸의 건강과 면역기능이 별다른 이유도 없이 떨어지기 쉬우며, 특히 이런 현상은 나이가 들수록 더 심해질 수 있다. 넷째, 사는 것이 썩 즐겁지 않을 것이다. 비관주의는 바로 이런 불행을 가져온다.

그러나 지금 이 책을 읽고 있는 영업인들은 다행히도 그 정도 상황은 아닐 것이다. 그 정도라면 어떻게 영업을 할 엄두를 냈겠는가. 아마도 대개가 평균치 정도일 것이다. 그리고 이 책은 그런 사람들에게 가장 효과적이다. 평균 점수를 얻은 영업인들은 성과가 괜찮을 때는 별 문제가 없지만, 장기간 슬럼프가 오거나 예기치 않은 어려운 상황에 직면하면 포기할 수 있기 때문이다.

비관주의자들은 초반에는 개척판매를 열심히 하지만, 한두 달 성과가 나지 않으면 금방 포기한다. 어떤 영업활동도 꾸준히 하는 법이 없다. 그런 사람들은 영업뿐 아니라 어느 분야에서 일을 한다 해도 성공할 수 없다. 그저 평균이거나 그 이하로 살아갈 뿐이다.

그래서 비관주의 극복은 무엇보다도 중요하다. 그럼 이제부터는 본격적으로 비관주의를 극복하는 실천 가능한 방법들을 살펴볼 것이다. 그 전에 분명히 말하지만, 비관주의자에서 낙관주의자가 되는 것은 본인의 노력으로 얼마든지 가능하다.

내 안의 적,
비관주의에서 벗어나라

앞에서 말한 '정신력이 필요한 16가지 순간'은 영업인이라면 누구나 접할 수 있는 상황들이다. 그러나 이런 순간에 비관적인 사람은 포기를 하지만, 낙관적인 사람은 다시 일어선다. 낙관적인 사람은 쉽게 절망하거나 포기하지 않기 때문이다.

낙관적인 사람은 한 가지 방법에서 실패했더라도 곧 다른 방법을 찾는다. 한 지역에서 실패했다면 다른 개척지를 찾아 나선다. 어떤 가망고객과 계약에 실패했더라도 실망하지 않고 다른 가망고객을 찾아간다. 성공한 많은 사람들, 즉 실패를 했지만 이를 극복하고 다시 일어선 수많은 사람들의 사례를 보면 이를 금방 알 수 있다. 이들의 공통점은 실패한 순간에 포기하지 않고 일어섰다는 것이다. 이는 낙관주의적인 성격이 아니라면 아마 불가능했을 것이다.

인간은 나쁜 일을 겪게 되면 그것을 나름대로 해석하여 결론을 내린다. 이때 비관주의자들은 대개 부정적인 결론을 내리고, 그것을 마치 사실인양 인정한다.

위에서 예로 든 이메일을 다시 상기시켜 보자. 첫 번째 이메일을 보면, 화장품 영업을 시작해 한 달 동안 열심히 개척활동을 한 결과 고객 14명을 확보했다. 그러나 단품 몇 가지만 판매했을 뿐 남들처럼 세트 판매를 하지 못했다.

그리고 다른 영업인들은 아주 쉽게 좋은 성과를 내는데 비해 자기는 열심히 하고도 좋은 결과를 내지 못하고 있으니 답답하다는 내용이 담겨 있다. 이는 영업인들이 흔히 겪는 상황이다. 이럴 때 당신은 어떻게 생각하는가?

일반적으로는 잘못된 신념을 갖기 쉽다. 예를 들어 '나는 영업능력이 없다', '제품이 썩 좋은 게 아니다', '영업으로 돈을 벌기는 힘들구나' 등과 같이 말이다. 이런 잘못된 신념이 굳어지면 결과는 뻔하다. 영업을 포기한다. 나쁜 상황에서 잘못된 신념을 갖게 되면 잘못된 결과가 나오는 것은 당연하다.

이제 영업인들이 나쁜 일을 겪었을 때, 잘못된 신념이 어떤 결과를 낳는지 구체적으로 알아보자. 여기서 예를 든 것 말고도 영업을 하면서 겪는 나쁜 일은 훨씬 많을 것이다. 그래서 뒤에 빈칸을 남겨 놓았다. 그곳에 당신이 직접 자신의 경우를 적어보기 바란다.

· **나쁜 일** ┃ 1주일 이상 발바닥이 닳도록 돌아다니며 명함과 전단지

를 돌렸는데, 문의전화나 주문전화가 한 통도 없다.

· 잘못된 신념 | 이 정도 했는데 주문전화가 한 통도 없다니 회사나 제품이 시원찮은 게 틀림없다. 나도 영업에는 자질이 부족한 것 같다.

· 잘못된 결과 | 더 이상 해봤자 소용없다. 다른 직장을 알아봐야겠어. 고정급을 받을 수 있는 곳을 알아보자.

· 나쁜 일 | 첫인상도 좋고, 주변에 친구도 많아 자신 있게 영업을 시작했는데, 원하는 만큼 결과가 나타나지 않았다.

· 잘못된 신념 | 나는 영업에는 재주가 없구나! 역시 영업은 아무나 하는 게 아냐. 영업은 타고난 재주가 필요해.

· 잘못된 결과 | 이달 말까지만 하고 고정급을 받을 수 있는 데를 알아보자.

· 나쁜 일 | 오랜만에 오전에 계약을 한 건 성사시켜 기분 좋았는데, 오후에 막무가내로 해약을 하겠다는 전화가 왔다.

· 잘못된 신념 | 나는 설명하는 능력이 부족해 고객에게 제품에 대한 신뢰감을 주지 못했다. 내가 하는 일은 늘 이 모양이다. 제대로 하는 일이 하나도 없다.

· 잘못된 결과 | 그날 이후 며칠 동안 기분이 안 좋아 영업을 못했다.

· 나쁜 일 | 영업을 3년 정도 했더니 이젠 지겹다. 개척하랴, 수금하랴, 팀원들 관리하랴 힘만 들고 수입은 생각처럼 많지 않다.

· 잘못된 신념 ㅣ 영업은 스트레스가 심한 일이다. 월급이 적어도 마음 편하게 근무했으면 좋겠다. 다른 데 가서 이 정도로 열심히 일했으면 더 많은 급여를 받았을 것이다.

· 잘못된 결과 ㅣ 의욕이 떨어져 매출이 곤두박질을 쳤다. 팀원들 관리하는 것도 소홀해 팀원들이 불만이 많다.

· 나쁜 일 ㅣ 수금이 제대로 되지 않아 내 돈으로 입금했다. 벌써 몇 달째 이렇다. 처음 들어올 때 통장에 5백만 원이 있었는데, 이제 얼마 남지 않았다.

· 잘못된 신념 ㅣ 영업을 하다가 빚을 졌다는 말을 많이 들었는데, 수금이 안 되니 그런 것이구나.

· 잘못된 결과 ㅣ 내 돈이 더 들어가기 전에 정리를 해야겠다.

· 나쁜 일 ㅣ 남편이 어디서 무슨 이야기를 들었는지 내가 하는 일이 다단계가 아니냐며 그만두라고 한다. 일도 힘든데, 남편까지 구박이다.

· 잘못된 신념 ㅣ 다른 사람들은 남편이 일하는 것을 격려하고 도와준다는데 이 사람은 오히려 방해만 하고 있으니 속상하다. 굳이 이런 말을 들으면서까지 일할 필요가 있나.

· 잘못된 결과 ㅣ 일도 힘들었는데 잘 됐다. 이 기회에 남편이 반대한다는 핑계를 대고 그만둔다.

· **나쁜 일** | 일을 시작한 후 집안이 엉망이고, 아이들의 성적도 자꾸 떨어진다고 남편이 잔소리를 한다.

· **잘못된 신념** | 맞는 말이다. 여자가 가정을 돌보지 않으면 모든 것이 엉망이 된다. 내가 돌보지 않아 성적이 떨어져 아이들에게도 미안하다. 돈 몇 푼 벌자고 가정을 소홀히 할 수는 없다.

· **잘못된 결과** | 남편이 영업을 반대한다는 핑계로 그만둔다.

· **나쁜 일** | 팀장은 나에게 전혀 신경을 쓰지 않는다. 다른 팀장들은 같이 활동도 나가고, 팀원 앞으로 계약도 넣어준다는데 내 팀장은 자기 욕심만 챙기기에 급급하다.

· **잘못된 신념** | 이런 사람한테는 배울 게 아무것도 없다. 더구나 내가 일을 많이 하면 팀장 급여가 올라간다는데, 내가 왜 그런 짓을 해. 남 좋은 일 시키기 싫다.

· **잘못된 결과** | 영업에 소극적이 된다. 출근도 하기 싫다. 다른 사람에게 자신의 팀장에 대해 부정적인 말을 한다.

· **나쁜 일** | 뜨거운 여름이다. 이런 날 개척활동을 하면 얼굴에 기미만 올라오고 실적은 오르지도 않는다. 고객들도 불쾌지수가 높아져 괜히 짜증을 낸다.

· **잘못된 신념** | 더운 날에는 돌아다녀봤자 아무 소용없다. 한참 더울 때는 고객 방문을 자제하는 것이 예의다. 날이 좀 선선해지면 열심히 일하자.

· 잘못된 결과 | 매출과 소득이 줄었다. 오랫동안 고객을 방문하지 않
았더니 고객이 타사와 거래를 시작했다.

· 나쁜 일 |

· 잘못된 신념 |

· 잘못된 결과 |

· 나쁜 일 |

· 잘못된 신념 |

· 잘못된 결과 |

· 나쁜 일 |

· 잘못된 신념 |

· 잘못된 결과 |

신념은 영업에 있어 매우 중요한 덕목이다. 신념이란 곧 어떤 상황을 받아들이는 믿음체계라고 할 수 있다. 그래서 이 신념에 따라 같은 상황이라도 결과는 큰 차이를 보인다. 이때, 영업인들에게 가장 중요한 것은 자기 자신을 믿는 것, 즉 자신감이다.

자신을 비관적으로 생각하느냐 낙관적으로 생각하느냐에 따라 성과는 달라진다. 자신감이 있는 영업인은 높은 성과를 올리므로 자신감이 점점 올라간다. 반대로 자기 자신을 비하하는 사람, 즉 자기애가 없고 자신감이 없는 비관적인 영업인은 영업활동이 위축되어 보잘 것 없는 성과밖에 낼 수 없다.

자신감은 매출뿐 아니라 증원에도 영향을 미친다. 자신감이 없으면 증원은 절대 불가능하다. 따라서 영업에서 좋은 성과를 내기 위해서는 영업인의 믿음체계를 비관주의에서 낙관주의로 바꿔야 한다.

앞의 설문에서 비관주의에 가까운 점수가 나왔거나 앞의 나쁜 일, 잘못된 신념, 잘못된 결과의 사례에 당신과 비슷한 상황이 있다면 이제 낙관주의로 바꾸는 방법에 대해 알아볼 차례다.

첫째로 당신이 해야 할 일은 잘못된 신념을 반박하는 것이다. 당신은 다른 사람이 나를 비판하면 대개 변명이나 반박을 한다. 하지만 자기 자신이 스스로를 비판하는 것에는 반박을 하지 않고 그대로 인정한다. 그리고 그것이 신념으로 고착되면 바람직하지 않은 결과를 가져온다. 이에 대한 예를 들어 보자.

만약 다른 사람이 "당신이 취급하는 제품은 이제 한물 갔습니다"라고 비판한다면, 당신은 자신이 근무하는 회사나 취급하는 제품의 우수성을 열심히 설명하며 반박할 것이다.

그러나 당신이 스스로 '우리 회사 제품은 한물 갔어. 좀 더 연구하여 소비자가 찾는 제품을 만들면 좋겠는데'라고 하면, 반박을 하지 않고 그대로 인정해 버린다. 이처럼 자기가 스스로를 비난하는 데는 반박을 하지 못하고 순순히 인정을 하기 때문에 잘못된 신념이 굳어져 결국 잘못된 결과를 낳는 것이다.

따라서 당신의 머릿속에 잘못된 신념이 굳어지기 전에 당신은 반박을 해야 한다. 그래야 잘못된 신념이 잘못된 결과로 이어지지 않는다. 다음의 사례들을 한 번 보자.

· 나쁜 일 | 1주일 이상 발바닥이 닳도록 돌아다니며 명함과 전단지를 돌렸는데, 문의전화나 주문전화가 한 통도 없다.

· 잘못된 신념 | 이 정도 했는데 주문전화가 한 통도 없다니 회사나 제품이 시원찮은 게 틀림없다. 나도 영업에는 자질이 부족한 것 같다.

· 반박 | 무엇을 하든 1주일 해보고 결정하는 것은 너무 성급하지 않은가. 조금만 더 해보자. 그리고 전단지를 돌리는 데에도 아마 요령이 있을 거야. 다음 주에는 무턱대고 전단지를 돌리지 말고 견본품이나 조그만 선물도 함께 주자. 그리고 실적이 좋은 팀장님을 따라다니며 어떻게 하는지 살펴보자. 내가 영업에 자질이 없는 것도 아니잖아. 어릴 때는 어른들한테 붙임성 있다고 칭찬도 많이 듣고 친구들한테 인기도 좋았는데……. 내가 아직은 경험이 없어서 그럴 거야.

하지만 이처럼 스스로 하는 부정적인 말에 반박을 하는 것은 쉽지 않다. 그 이유는 대개 자기 자신을 스스로가 가장 잘 알고 있다고 여기기 때문에 그렇다. 그래서 반박을 하는 데에도 요령이 필요하다. 그렇다면 이에 대해 반박을 할 때는 어떻게 해야 할까? 다음의 네 가지 요소가 중요하다.

첫째는 내 믿음이 잘못됐다는 증거를 찾아내는 것이다. 둘째는 지금 내 상황을 다르게 볼 수 있는 여지를 찾는 것이다. 셋째는 지금 내가 처한 상황이 비록 나쁘다고 할지라도 포기할 수 없는 이유를 찾는 것이다. 넷째는 비록 내가 품고 있는 믿음들이 사실이라 하더라도 그 믿음대로 사는 것이 나에게 유리한지 아니면 다르게 생각하는 것이 유리한지 유용성을 따져 보는 것이다.

이렇게 다음 네 가지 질문에 답을 하다 보면, 당신은 어느새 나쁜 일을 비관주의로 바라보던 관점에서 벗어나 낙관주의로 바라보게 된다. 그 네 가지 질문을 요약하고, 그것들이 담고 있는 내용을 살펴보면 다음과 같다.

01. 그것이 사실인가? (증거)
02. 다르게 볼 여지는 없나? (대안)
03. 그래서 어떻다는 것인가? (함축)
04. 그것이 어디에 쓸모가 있나? (유용성)

그렇다면 이 네 가지 요소를 활용하여 실제로 자신의 비관주의적인 생각에 어떻게 반박할 수 있는지 살펴보자.

· 나쁜 일 | 첫인상도 좋고, 주변에 친구도 많아 자신 있게 영업을 시작했는데, 원하는 만큼 결과가 나타나지 않았다.

· 잘못된 신념 | 나는 영업에는 재주가 없구나. 역시 영업은 아무나 하는 게 아냐! 개척을 하라는데 자신이 없다. 도대체 어디 가서 하라는 거야. 영업이 이렇게 어려운 것인 줄 알았다면, 시작하지도 않았을 텐데.

· 반박(대안) | 아는 사람에게 쉽게 판매를 하다 보니 판매 기술이나 제품 지식이 부족했어. 개척을 하려면 판매 기술이나 상품 지식이 필요한데 나는 배우려 하지도 않았어. 실적이 좋은 팀장님을 며칠 따라다니며 어떻게 하는지 배워야 할 것 같다. 그리고 이제 3개월밖에 안 됐잖아. 공부하며 좀 더 열심히 해보자. OO씨는 나보다 조건이 좋지 않은데 잘 하고 있잖아?

· 나쁜 일 | 오랜만에 오전에 계약을 한 건 성사시켜 기분 좋았는데, 오후에 막무가내로 해약을 하겠다는 전화가 왔다.

· 잘못된 신념 | 나는 설명하는 능력이 부족해 고객에게 제품에 대한 신뢰감을 주지 못했다. 내가 하는 일은 늘 이 모양이다. 제대로 하는 일이 하나도 없다.

· 반박(증거) | 이런 것에 일희일비 하지 말자. 나도 계약을 했다가 불가피하게 해약한 적이 있잖아. 고객도 특별한 사정이 있었겠지.

그까짓 거 가지고 기분 나쁘면 나만 손해야.

· 나쁜 일 | 영업을 3년 정도 하니 이젠 지겹다. 개척하랴, 수금하랴, 팀원들 관리하랴 힘만 들고 수입은 생각처럼 많지 않다.

· 잘못된 신념 | 영업은 스트레스가 심한 일이다. 월급이 적어도 마음 편하게 근무했으면 좋겠다. 다른 데 가서 이 정도로 열심히 일했으면 더 많은 급여를 받았을 것이다.

· 반박(대안) | 솔직히 일에 몰입하지 못했다. 하루를 따져 보면 일하는 시간은 얼마 되지 않는다. 일하지 않고 월급을 많이 받을 수는 없지 않은가. 목표와 계획을 세워 일에 한 번 몰입을 해보자. 개척이나 고객관리에 좀 더 시간을 투자하면 분명 나은 결과를 얻을 거야. 어제 읽은 책에서도 계획을 세워 표준활동을 해야 한다고 하지 않던가. 그리고 고객관리도 철저히 하여 소개판매를 할 수 있도록 하자.

· 나쁜 일 | 수금이 제대로 되지 않아 내 돈으로 입금했다. 벌써 몇 달째 이렇다. 처음 들어올 때, 통장에 5백만 원이 있었는데 이제 얼마 남지 않았다.

· 잘못된 신념 | 영업을 하다가 빚을 졌다는 말을 많이 들었는데, 수금이 안 되니 그런 것이구나. 나도 빚을 지기 전에 그만둬야겠다.

· 반박(함축) | 영업을 하다 보면 그럴 수도 있지. 내가 돈을 허투루 쓴 것도 아니고 고객에게 깔려 있는 돈 아닌가. 장사를 하다 보면 외

상거래가 있듯이 영업에도 그런 게 어느 정도 있다고 생각하자. 다만 한 사람에게 너무 많은 미수금이 생기지 않도록 조심하자.

· 나쁜 일 | 남편이 어디서 무슨 이야기를 들었는지 내가 하는 일이 다단계가 아니냐며 그만두라고 한다. 일도 힘든데 남편까지 구박이다.

· 잘못된 신념 | 다른 사람들은 남편이 일하는 것을 격려하고 도와준다는데 이 사람은 오히려 방해만 하고 있으니 속상하다. 굳이 이런 말을 들으면서까지 일할 필요가 있나.

· 반박(대안) | 분명 오해가 있을 것이다. 고객이 하는 말도 참는데, 남편이 하는 말이라고 해서 못 참을 이유가 없다. 남편에게 회사를 구경시키고, 내가 다니는 회사가 다단계 회사가 아니라는 것을 보여주자.

· 나쁜 일 | 일을 시작한 후 집안이 엉망이고 아이들 성적도 자꾸 떨어진다고 남편이 잔소리를 한다.

· 잘못된 신념 | 맞는 말이다. 여자가 가정을 돌보지 않으면 모든 것이 엉망이 된다. 내가 돌보지 않아 성적이 떨어져 아이들에게도 미안하다. 돈 몇 푼 벌자고 가정을 소홀히 할 수는 없다.

· 반박(증거) | 김 팀장은 열심히 일하는데 그집 애들은 공부를 잘한다. 엄마가 끼고 있다고 해서 아이들이 공부를 잘하는 것은 아니지. 어차피 본인들이 하려고 마음을 먹어야지. 지혜롭게 하자. 힘

들어도 가능한 남편이 퇴근하기 전에 먼저 가서 기다리자. 그리고 남편과 일에 대해 이야기를 나누자.

· 나쁜 일 | 팀장은 나에게 전혀 신경을 쓰지 않는다. 다른 팀장들은 같이 활동도 나가고, 팀원 앞으로 계약도 넣어준다는데 내 팀장은 자기 욕심 챙기기에 급급하다.

· 잘못된 신념 | 이런 사람한테는 배울 게 아무것도 없다. 더구나 내가 일을 많이 하면 팀장 급여가 올라간다는데 내가 왜 그런 짓을 해? 남 좋은 일 시키기가 싫다.

· 반박(유용성) | 어차피 영업은 홀로서기다. 언제까지나 팀장이 주는 먹이만 받아먹을 수는 없지 않는가. 불평을 하고 마음 상해봤자 그게 무슨 소용이 있겠는가. 마음만 괴롭고 일도 안 되고 결국 나만 손해지. 팀장을 보고 입사한 게 아니지 않은가. 나는 나중에 훌륭한 팀장이 되자.

· 나쁜 일 | 뜨거운 여름이다. 이런 날 개척활동을 하면 얼굴에 기미만 올라오고 실적은 오르지도 않는다. 고객들도 불쾌지수가 높아져 괜히 짜증을 낸다.

· 잘못된 신념 | 더운 날에는 돌아다녀봤자 소용없다. 한참 더울 때는 고객 방문을 자제하는 것이 예의다. 날이 좀 선선해지면 열심히 일하자.

· 반박(증거) | 선배들 말을 들으니 비오는 날이나 더운 날 방문을 하

면 고객들이 미안해서 상담 결과가 좋다는 말을 들었다. 추운 날도 했는데, 추운 것보다는 낫지 않은가.

자, 어떤가? 당신에게 해당되는 사례가 있는가? 혹시 당신이 써먹을 만한 방법이 있는가? 물론 여기에 나와 있는 것보다 훨씬 많은 것들이 영업인들을 잘못된 방향으로 몰고 가기도 한다.

하지만 이에 대해 반박을 잘하면 포기와 실패의 늪에서 빠져나올 수 있다. 다시 한 번 강조한다. 반박이 중요하다. 머릿속에 부정적인 생각이나 잘못된 신념이 떠오를 때마다 긍정적으로 반박하는 습관을 기르자. 그리고 반박을 위한 질문 4가지를 반드시 기억하자. 이 4가지 질문이 당신을 비관주의에서 빠져나오도록 도와줄 것이다.

지금까지 비관주의에서 벗어나는 법에 대해 알아보았다. 그렇다면 낙관주의가 반드시 좋은 것일까? 이것도 지나치면 문제가 될 수 있다. 따라서 여기서 간단하게 지나친 낙관주의도 함께 언급하고 넘어가겠다.

필자는 취미로 바둑을 둔다. 실력이 비슷한 사람끼리 바둑을 두면 대개는 적은 집 차이로 승부가 갈린다. 따라서 그럴 때는 틈틈이 계가를 하며 바둑을 두어야 한다.

하지만 많이 지고 있는 경우에는 승부수를 띄워야 한다. 한 집으로 지나 열 집으로 지나 마찬가지 아닌가. 지고 있는 바둑을 그냥 밋밋하게 뒀다가는 맥없이 지고 만다. 따라서 그럴 때는 적당한 순간, 승부수를 띄워야 한다. 반대로 큰 집 차이로 이기고 있다면 굳이 모험을 할 필요가 없다. 안정적으로 두어 승리를 굳혀가야 한다.

그런데 모험을 할 것인가 안정적으로 갈 것인가를 판단하려면, 계가를 잘해야 한다. 하물며 프로기사들은 반집까지도 계가를 한다고 한다. 그런데 이때 정확한 계가를 하지 않고 눈대중으로 형세를 판단하면 어떻게 될까. 자기가 지고 있는데, 이기고 있다고 낙관하기 쉽다. 정확하게 계가를 하지 않은 상태에서 막연하게 자기가 이기고 있다고 판단하는 것은 지나친 낙관주의라 할 수 있다. 그렇게 되면 승부수를 띄워야 할 기회를 찾지 못한 채 패하고 만다.

영업인의 경우에도 지나친 낙관주의자들이 있다. 영업에서 지나친 낙관주의는 자기 발전의 기회를 앗아갈 수 있다. 그리고 그런 사람들은 자신의 영업능력과 상품 지식을 과대평가해 상담에 실패했을 때에도 그 원인을 회사나 고객 탓으로 돌린다.

몇 년 전 함께 일했던 어느 주부 영업인이 있었다. 그녀는 성과가 부족한 원인을 무조건 회사 탓으로 돌렸다. 그녀는 아는 사람이 많아 말만 잘 하면 제품을 팔 수 있으리라 생각하고 영업에 뛰어들었던 사람이었다. 하지만 생각보다 안 팔리는 모양이었다.

그러자 "회사의 인지도가 떨어진다", "어떻게 우리 회사를 아는 사람이 없는가", "텔레비전 광고도 안 하고……" 등과 같은 말을 입에 달고 살았다. 자기 자신의 대인관계 능력, 상품 지식, 판매 기술 등이 부족한 것은 생각지도 않고 그 원인을 회사의 탓으로만 돌리는 것이었다.

회사에는 비관적인 자세를 취하고 자기 자신에게는 지나치게 낙관주의 자세를 취하다 보니 그녀는 결국 자신을 발전시키고 성장시킬 기회를 갖지 못했다. 그녀가 퇴사를 하고 난 후 우연한 기회에 그녀를 잘 아는 사람과 이야기를 나눌 기회가 있었다.

여러 가지 이야기 끝에 그녀의 이야기가 나왔다. 그런데 동네에서 욕심쟁이로 소문이 나 사람들이 겉으로나 친한 척하지 속으로는 다들 싫어한다는 것이었다. 필자는 그때 알았다. 그녀는 아는 사람이 많다고 큰소리를 쳤지만, 정작 성과가 없었던 이유를 말이다.

이런 영업인도 있다. 그는 월초에 영업을 시작해 1주일, 2주일 지나는 동안 매출이 부진해도 전혀 걱정을 하지 않았다. 그래서 "OO씨! 이번 달에는 매출이 좀 부진하네요?"라고 하면, "다음 주에는 잘될 거예요"라고 말하곤 했다. 필자는 처음에는 특별히 믿는 데가 있어서 그렇게 말하는 줄 알았다. 그런데 나중에 알고 보니 그냥 막연하게 잘될 것이라고 믿고 있다는 것을 알게 되었다.

이처럼 매출 부진에 따른 계획이나 대책도 세우지 않고 막연히 잘될 것이라고 믿는 것은 복권을 사서 당첨될 거라고 믿는 것과 같다. 우연히 그것도 아주 우연히 그야말로 복권에 당첨되듯 고객에게서 계약을 하겠다는 전화가 올 수는 있을 것이다. 하지만 이것은 지나친 낙관주의를 넘어 요행을 바라는 것이다.

그런데 지나친 낙관주의 현상은 영업에 어느 정도 경력이 붙어 스스로 자만을 하게 될 때 나타나기도 한다. 그러면 자기 자신을 돌아보지 않을 뿐 아니라 마치 모든 것을 다 알고 있는 양 더 이상 공부를 하지 않게 된다. 하지만 영업력은 영업 기술을 꾸준히 훈련하고 다듬어

나갈 때 비로소 길러진다.

영업은 끊임없이 개척영업을 하고, 한 번 인연을 맺은 고객을 철저히 관리해야 시간이 갈수록 성과가 올라가는 법이다. 일류 운동선수들이 훈련을 게을리하지 않는 것이나 일류 음악가들이 쉬지 않고 연습하는 것도 그렇게 하지 않으면 더 좋은 실력을 보여줄 수 없기 때문이다. 어느 분야에서건 이름을 날린 대가일수록 더 많이 공부하고 더 많이 연습한다.

그래서 냉정한 피드백은 무엇보다 중요하다. 자기 자신을 냉정하게 평가한 후 부족한 부분을 조금씩 채워 나가는 자세가 프로 영업인으로 가는 지름길이기 때문이다. 성과가 없을 때 무조건 상황과 고객 탓만 한다면 발전은 요원한 일이 된다.

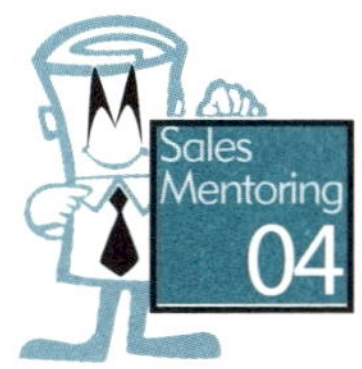

자신감으로
두려움을 돌파하라

　두려움을 느끼지 않는 영업인은 없다. 하지만 영업인에게 두려움은 천적과 같다. 영업을 처음 하는 사람들은 이미 문을 열고 들어가기 전부터 두려움을 느낀다. 필자가 교육을 했던 초보 영업인 중에는 심한 두려움으로 소화불량을 호소하는 경우도 있었다. 그리고 어떤 영업인은 1년이 넘게 대인공포증을 극복하지 못해 아예 영업을 포기한 일도 있었다.

　현장에서 새로 들어온 영업인들을 교육하다 보면 유난히 두려움을 느끼는 사람이 있다. 평소에는 말을 잘 하다가도 고객을 만나려고 하면 두려움을 느끼기도 한다. 그러나 모르는 사람에게 문전박대를 당할 수 있다는 두려움, 아는 사람에게 거절을 당해 자존심이 상할 수 있다는 두려움을 극복하지 못하면 영업으로 뭔가를 이뤄보겠다는 생각은 아예 접어야 한다.

그렇다면 영업인들은 왜 두려움을 느끼는 것일까? 두려움을 느끼는 원천은 자신감 부족에 있다. 자신감이 있으면 두려움은 자연히 사라진다. 고객을 만나기 전에 자신감으로 무장할 수 있다면 당연히 두려움을 느끼지 않을 것이다. 그리고 그로 인해 고객과의 상담에서 성공할 확률도 그만큼 높아질 것이다.

그래서 좋은 성과를 올리는 영업인들은 두려움을 극복하는 자신만의 방법을 가지고 있다. 여기서 필자는 그 방법 몇 가지를 소개할 것이다. 이들이 한 방법을 그대로 따라만 해도 두려움을 없애는 데 많은 도움이 될 것이다.

그리고 당신이 원하는 방법을 선택하여 반복적으로 연습한다면, 두려움이나 자신감 부족과 같은 부정적인 마음을 단번에 날려버릴 수도 있다. 특히 고객을 만나기 1시간 전, 10분 전에 이 방법으로 자신감을 키운다면 큰 효과를 얻을 수 있다.

여기 나오는 방법은 두려움까지는 아니더라도 영업을 비관적으로 느끼고 있는 영업인들에게도 쓸모 있는 방법이다. 영업은 많은 정신적 에너지를 필요로 한다. 정신적 에너지가 고갈되면, 일하기 싫어진다. 그리고 고객을 만나러 가는 것 자체가 귀찮아질 수밖에 없다.

특히 성과에 대한 확실한 보장도 없이 하루 종일 고객을 만나는 개척영업은 에너지를 훨씬 더 소진시킨다. 그렇게 1~2주일을 돌아다녔는데도 성과가 신통치 않으면, 머릿속에 딴 생각이 떠오르는 것은 너무나 당연하다. 이때 이것을 잘 극복하지 못한다면 무기력증에 빠져 아무것도 할 수 없게 된다.

자, 그럼 자신감을 얻을 수 있는 몇 가지 방법에 대해 본격적으로 알아보도록 하자.

1 자기 자신에게 긍정적으로 말하라

이것은 앞에서 말한 잘못된 신념에 반박하는 것과 상당히 비슷하다. 영업을 하다 보면 일하기 싫을 때도 있고, 새로운 사람을 만나기가 두려울 때도 있다. 또한 거절에 대한 두려움이 크게 느껴질 때도 있다. 이때 자기 자신에게 자신감을 불어넣는 말로써 두려움을 극복할 수 있다.

- 나는 아주 유능한 영업인이다.
- 내가 최고야.
- 나는 정말 영업의 귀재야.
- 내가 상담을 하면 어느 고객도 감히 거절하지 못한다.
- 나는 이번 상담에서 반드시 성공할 수 있다.
- OO와의 상담에서 무조건 성공한다.
- 나는 내가 좋다. 내 일을 사랑한다.
- 나는 이번 달 목표를 반드시 달성한다.
- 이 고객은 무조건 산다.

• 산다, 산다. 이 고객은 안 살 수가 없다.

당신은 이렇게 자신감을 주는 대화를 자기 자신에게 수시로 걸어야 한다. 특히 하루를 시작하는 아침이나 고객을 만나러 가기 전에 한다면 자신감을 얻을 수 있다. 물론 이 예문이 다 필요한 것은 아니다. 당신에게 가장 그럴듯한 문장을 골라 두려운 마음이 들 때마다 마음속으로 외치면 좋다.

예문 가운데 마음에 드는 것이 없다면 당신이 스스로 만들어도 좋다. 당신이 믿는 종교의 경전에 나온 구절을 선택해도 좋다. 이런 말들을 반복적으로 하다 보면, 그 말이 주는 자신감이 당신의 무의식 속으로 깊숙이 파고든다. 그러면 두려움은 사라지고 대신 자신감이 그 자리를 대신할 것이다.

영업을 하다 보면 슬럼프게 빠지기도 한다. 그리고 아무리 고객에게 두려움이 없다 할지라도 마음의 상처를 입을 수는 있다. 이럴 때에도 긍정적인 말들을 중얼거릴 필요가 있다. 이럴 때 필자가 했던 말은 "네가 그래도 나는 내 길을 간다"였다. 그러면 다른 사람에게 영향을 받지 않기 때문이었다.

당신이 자존심이 상하고, 두려움을 느끼고, 자신감을 잃는 것은 나에게 일어난 사건 때문에 그런 것이 아니라 그 사건을 받아들이는 태도 때문이다. 그래서 공자님께서는 이미 그런 영업인의 마음을 알고는 다음과 같은 위로의 말씀을 하셨다.

"잘못되는 일이 있다 해도 그것을 기억하지 않는다면, 아무런 문제가 되지 않는다."

이와 함께 신경정신과 의사였던 빅터 프랭클의 경험을 공유하는 것도 도움이 된다. 그가 쓴《죽음의 수용소에서》에는 그가 유대인이라는 이유로 강제수용소에 수감되어 겪었던 어려움과 이것을 극복하는 과정이 잘 나타나 있다.

수용소에서는 항상 선택을 해야 한다. 매일, 매 시간마다 결정을 내려야 할 시간이 찾아온다. 그 결정이란 당신으로부터 당신의 자아와 내적인 자유를 빼앗아 가겠다고 위협하는 저 부당한 권력에 복종할 것인가 아니면 말 것인가를 판가름하는 것이다. 그 결정은 당신이 보통 수감자와 같은 사람이 되기 위해 자유와 존엄성을 포기하고 환경의 노리개가 되느냐 마느냐를 판가름하는 결정이었다.

이런 관점에서 볼 때, 강제수용소의 수감자들이 보이는 심리적 반응은 어떤 물리적, 사회적 조건에 대한 단순한 표현 이상의 의미를 갖는다. 수면 부족과 식량 부족 그리고 다양한 정신적 스트레스를 받는 그런 환경이 수감자를 어떤 방식으로 행동하도록 유도할 가능성이 있음에도 불구하고, 결국 최종적으로 분석을 해보면 그 수감자가 어떤 종류의 사람이 되는가 하는 것은 그 개인의 내적인 선택의 결과이지 수용소라는 환경의 영향이 아니라는 사실이 명백하게 드러난다. 근본적으로는 어떤 사람일지라도, 심지어는 그렇게 척박한 환경에 있는 사람도 자기 자신이 정신적으로나 영적으로 어떤 사람이 될 것인가를 선택할 수 있다는 말이다.

영업인도 마찬가지다. 당신이 어떤 종류의 영업인이 되는가 하는 것은 내적인 선택의 결과이지 결코 영업 현장의 영향 때문에 그런 것이 아니다. 자기 자신에게 긍정적으로 말하는 습관은 당신을 자신감 넘치는 영업인으로 만들어 줄 것이다.

2 성공한 모습을 상상하라

고객을 만나기 전에 실패할지 모른다는 두려움을 가지고 있다면 과거에 성공했던 경험을 생각하라. 과거에 고객을 만나 인사를 하고, 질문을 하고, 질문에 답변을 하고, 청약서를 쓰고, 서명을 하고 제품을 건네고, 제품 값을 받던 때를 상상하라.

만약 그런 순간이 없었던 왕초보 영업인이라면 담당 매니저에게 들었던 성공의 순간을 재구성하여 상상하는 것도 좋다. 고객을 만나기 전에 긍정적인 모습을 상상하면 긍정적인 결과를 얻고, 부정적인 결과를 상상하면 부정적인 결과를 얻는다. 웅진그룹 윤석금 회장이 했던 방법은 그래서 쓸만하다. 다음의 그의 말이다.

"저는 고스톱을 좋아하는데, 일단 광光 2장이 들어오면 나머지 한 장도 내게 들어온다는 확신을 갖고 칩니다. 그러면 70퍼센트 이상은 정말로 들어와요. 나는 남들보다 퍼팅을 잘하는 편입니다. 왜냐고요? 늘 '이것은 들어간다' 는 자기 최면을 걸고서 치기 때문입니다."

운동선수들도 이런 방법을 사용한다. 프로축구에서 득점왕을 차지한 선수들은 항상 골을 넣는 장면을 상상한다고 한다. 그들은 머릿속에 운동장을 그리고 자신의 위치와 공이 오는 장면, 수비수를 제치고 슛을 하는 장면, 골을 넣는 장면을 상상한다고 한다. 이런 방법은 자신감을 심어줄 뿐 아니라 득점 기술도 익힐 수 있는 좋은 방법이다.

베트남전에서 포로가 되었던 미 공군 중령 조지 홀은 7년 동안 포로수용소 생활을 하면서 매일 골프 스윙을 했다. 버려진 나뭇가지를 주워 골프채라고 생각하고 연습한 것이다. 더욱이 골프장을 머릿속으로 상상하며 골프경기를 했다. 그는 미국에 돌아온 지 1주일 만에 치른 골프대회에서 결국 우승을 거머쥐었다.

이처럼 당신은 부정적인 상황이 머릿속에 떠오르면 빨리 지워버려야 한다. 영업은 사실 성공보다 실패가 많다. 특히 방문판매를 처음 하는 영업인의 경우에는 수없이 많은 사람에게 홍보 전단지를 돌리고, 수없이 많은 곳을 방문해야 겨우 한두 건의 계약을 얻어낼 수 있다.

물론 힘들고 절망스러운 상황이 수시로 당신을 괴롭히면, 당연히 성공의 순간보다는 실패의 순간이 머릿속에 먼저 떠오를 것이다. 하지만 그럴 때마다 부정적인 상상에 사로잡히면 열정이 사라지고 무기력해질 뿐이다. 이럴 때라도 긍정적인 이미지를 떠올리며 부정적인 이미지를 머릿속에서 계속 밀어내야 한다.

3 확실한 제품 지식과 영업 기술을 가져라

자신이 취급하는 제품을 확실히 아는 것은 기본 상식이다. 더욱이 경쟁사 제품까지 모두 알고 있다면 거칠 게 없다. 거기에 더해 세일즈 기술도 대단히 중요하다. 많은 초보 영업인들이 제대로 해보지도 못하고 영업 현장을 떠나는 이유는 세일즈 기술이 없기 때문이다.

기술이 없다면 뭐든지 어렵다. 그러나 기술은 배우고 나면 쉽다. 기술은 처음 배우기가 힘들어서 그렇지 배워서 반복하다 보면 반사적으로 발휘되어 그것처럼 쉬운 게 없다. 영업에서 필요한 기술에 대해 자신에게 몇 점을 줄 수 있는지 다음 질문에 점수를 매겨보자.

〈표4〉		
번호	질 문	점수
1	가망고객과 공감대를 형성하는 방법을 알고 있는가?	
2	가망고객에게 호감을 얻을 수 있는 방법을 알고 있는가?	
3	가망고객에게 제품을 효과적으로 설명할 수 있는가?	
4	가망고객이 구매를 망설일 때 이를 극복할 수 있는 방법을 알고 있는가?	
5	가망고객이 제품 가격을 깎아달라고 할 때 어떻게 대처해야 하는지 알고 있는가?	
6	효과적인 고객관리 방법을 알고 있는가?	
7	당신이 취급하는 제품을 언제 어디에서든지 메모를 보지 않고 설명할 수 있는가?	
8	경쟁사 제품의 장단점을 알고 있는가?	
9	고객이 이런저런 불평을 늘어놓을 때, 이를 처리하는 방법을 알고 있는가?	
10	고객의 성격을 알아내고 대응하는 방법을 알고 있는가?	

위의 열 가지 질문에 1점부터 10점까지 점수를 매겨보라. 모든 항목에서 9점이나 10점을 받았다면, 당신은 이미 훌륭한 영업인이다. 그러나 한 가지라도 7, 8점이나 혹은 그 이하로 받았다면, 당신은 그 부분의 기술을 익혀야 한다.

예를 들어, 다른 항목은 10점을 받았다 하더라도 '가망고객에게 호감을 얻을 수 있는 방법을 알고 있는가?'라는 항목이 5점 미만이라면 당신의 성과는 보잘 것 없을 것이다. 고객에게 호감을 주지 못한 상태에서 아무리 상품에 대한 설명을 잘한들 무슨 소용이 있겠는가. 고객은 당신을 말만 번드르르한 영업인으로 생각할 것이다.

그러므로 영업에서 중요하지 않은 것은 아무것도 없다. 고객을 만나는 순간부터 제품을 전달하는 그 모든 순간이 중요하다. 어느 것 하나가 부족해 그것 때문에 좋은 결과를 얻지 못할 수도 있다. 이 책은 영업인들이 고객을 만나기 전에 알아야 할 모든 기술을 망라하고 있다. 따라서 책을 읽고 연습하여 이 책에 나오는 기술을 모두 자연스럽게 사용하게 된다면, 당신은 고객을 만났을 때 자신감으로 충만해 있을 것이다.

4 꾸준히 자기계발을 하라

자기계발을 게을리해서는 영업에서 탁월한 성과를 내기 어렵다. 영업인에게 자기계발은 더 나은 세상을 개척하는 데 도움이 된다. 단지 제품을 판매하는 장사치가 되느냐, 진정한 프로 영업인이 되느냐는 자기계발에 달렸다고 해도 지나치지 않다. 그렇다면 무엇이 진정한 자기계발일까? 골프를 배우고, 영어공부를 하고, 자기계발서 한두 권을 읽는 게 자기계발이라고 생각한다면 착각이다.

자기계발은 사고방식을 바꾸는 것이다. 그동안 실패자의 사고방식으로 살았다면 성공자의 사고방식으로 바꾸는 것, 그게 바로 자기계발이다. 그 방법으로는 성공한 사람들의 강의듣기, 테이프나 CD 듣기, 독서를 꼽을 수 있다. 그리고 무엇을 하든 부정적인 생각으로 하지 말고 긍정적인 생각으로 해야 한다.

예를 들어, 탁월한 성과를 내고 있는 영업인의 강의를 듣는다고 가정해 보자. 강의를 들으며 '그게 말처럼 쉽냐?', '저런 방법은 특별한 사람이나 할 수 있지 나 같은 사람은 힘들어', '대단하지만, 나는 할 수 없어' 등과 같이 부정적인 생각으로 가득 차 있다면, 당신은 자기계발을 절대 할 수 없다.

그에 반해 '그래 저 사람도 하는데 나도 할 수 있어!', '대단하네. 나도 할 수 있어. 한 번 해보자!'라고 긍정적인 자세로 강의를 듣는다면, 성공자의 사고방식을 갖게 된다. 처음에는 실패자의 사고방식을 갖고 있었다고 해도 강의를 듣고, 책을 읽으며, 사고방식을 긍정적인 성공자의 사고방식으로 바꿔가고 있다면 자기계발을 제대로 하고 있는 것이다.

그러므로 당신은 자기계발을 위한 노력을 게을리해서는 안 된다. 위의 세 가지 방법 중 가장 간단하고 돈도 적게 들어가는 것이 바로 독서다. 책값처럼 싼 비용으로 책의 가치만큼 큰 이득을 얻을 수 있는 게 이 세상에 또 있는가. 영업인뿐 아니라 어느 분야에서 일을 하는 사람이든 독서가 없다면 자기계발은 요원한 일이다.

《한국의 영업왕 열전》에 나오는 스타일리시피플의 김동순 사장은 독서광이다. 김동순 사장은 창업한지 얼마 안 되어 바쁜 요즘에도 반드시 일주일에 한 권 이상의 책을 읽는다. 운전을 하다가도 신호등에 걸리면 어김없이 책을 편다.

"책은 출장을 갈 때 제일 많이 읽어요. 주로 해외로 가니까. 비행기 안에서만 네다섯 권은 읽는 것 같습니다. 열 시간 이상 비행기를 타니, 해외출장은 밀린 책을 읽을 수 있는 더 없는 좋은 기회죠."

그는 자신의 한계를 뛰어넘을 수 있는 유일한 방법으로 독서를 꼽았다.

"이제 영업사원은 자기 제품에 대한 말만 해서는 어렵습니다. 저는 보험영업사원이 찾아올 때마다 상품만 갖고 설명하려 들지 말라고 조언합니다. 경제 상황이나 세상의 흐름에 대한 이야기로 먼저 관심을 끌 수 있어야지요. 상품에 대한 이야기만으로는 절대로 계약을 이끌어낼 수 없습니다. 영업 스킬조차도 책으로 얼마든지 읽고, 배우고, 체득할 수 있지 않습니까? 책은 일상의 한계, 경험의 한계를 극복하기 위한 가장 훌륭한 수단입니다. 저는 직원들로 하여금 의무적으로 책을 읽고 독후감을 쓰게 합니다. 사내 도서관을 만든 것도 그런 취지에서였죠."

영업인들이 독서를 하며 끊임없이 자기계발을 하다 보면 더 크고 보람된 일을 할 수도 있다. 브라이언 트레이시, 지그 지글러, 앤서니 라빈스 같은 사람들은 어려운 환경에서 영업을 시작했지만, 꾸준한 독서로 승리한 사람들이었다.

이들은 정규교육도 제대로 받지 못했다. 오직 경험과 독서가 이들을 만들었다. 이들이 독서에 투자한 시간은 수만 시간이다. 독서량도 어마어마하다. 게다가 경영학, 심리학, 철학, 사회학 등과 같은 폭넓은 독서는 오늘날 많은 사람들이 이들의 책과 강연에서 용기와 자신감을 갖도록 했다.

독서를 하려면 목표와 계획이 있어야 한다. 영업인으로서 읽어야 할 책을 정하고 읽으면 좋다. 지금 당장 서점으로 가서 영업 관련 서적을 집어 들어라. 그리고 하루 중 일정한 시간대를 정해서 규칙적으로 독서를 하라. 특히 자신의 부족한 부분을 채우기 위해 부지런히 책을 읽어라. 독서는 영업에 필요한 좋은 아이디어를 줄 것이다. 또한 절망스러운 순간에 용기와 자신감을 줄 것이다.

그렇다고 해서 영업 관련 책만 읽는다면 지나친 편식이다. 다양한 독서는 시야를 넓혀주고 대화의 수준을 높여주고 생각의 수준을 높여준다. 필자가 영업조직을 이끌며 책을 쓰도록 동기부여를 했던 책은《다산선생 지식경영법》이었다. 이 책을 읽으며 다산 정약용이 제자들과 함께 어떻게 책을 엮었는지 알 수 있었으며, '나도 한번 써보자'라는 용기를 얻었다. 이게 바로 독서의 힘이다. 책 속에 영업인으로 가야 할 길이 있다. 책이 그 길을 안내할 것이다.

5 긍정적으로 질문하라

긍정적인 질문을 하면 긍정적인 결과를 얻고, 부정적인 질문을 하면 부정적인 결과를 얻는다. 부정적인 결과를 기대하는 사람은 이 세상에 아마 아무도 없을 것이다. 그러므로 영업인은 긍정적인 질문을 많이 해야 한다.

우선 다음 〈표5〉의 질문을 한 번 비교해 보라. 긍정적인 질문으로 얻을 수 있는 답과 부정적인 질문으로 얻을 수 있는 답을 충분히 상상할 수 있을 것이다. 긍정적인 질문을 하더라도 답을 얻지 못하면 의미가 없다. 질문을 시작했으면 답을 얻을 때까지 끈질기게 해야 한다. 모든 질문에는 답이 있다.

그러나 경험이 부족하거나 공부가 부족하면 답이 쉽게 떠오르지

〈표5〉

부정적인 질문	긍정적인 질문
· '내가 왜 이 고생을 하지?' · '적성에도 안 맞는 영업을 내가 왜 하지?' · '하루 종일 걸어 다닌들 누가 우리 물건을 사겠어?' · '더 이상 내가 무슨 일을 하겠어?' · '나는 왜 되는 일이 없을까?' · '내 팀장은 도대체 뭐하는 사람이야?'	· '상담에서 성공할 수 있는 좋은 방법은 무엇인가?' · '더 좋은 방법은 무엇인가?' · '고객을 설득하려면 어떻게 해야 하나?' · '이번 달 목표를 달성하려면 어떤 방법이 있을까?' · '저 팀장은 어떻게 영업을 해서 실적이 좋을까?' · '이 상품을 어떻게 효과적으로 설명할까?' · '그 고객에게 무엇이 필요할까?'

않을 수 있다. 그럴 때는 책을 참고하거나 다른 사람에게 물어 기어이 답을 찾아야 한다. 긍정적인 질문을 하며 답을 찾는 과정에서 당신은 자신감을 얻을 수 있다.

예를 들어, 당신이 지금 '이번 달 목표를 달성하려면 어떤 방법이 있을까?'라고 질문한다고 가정하자. 당신은 목표 달성을 위한 여러 가지 방법을 찾으려 할 것이고, 하루하루 목표를 정해 최선을 다할 것이다. 목표 달성을 위해 더 많은 고객을 만나려고 시도할 것이고, 고객에게 맞는 제품을 선택하여 고객을 효과적으로 설득하는 방법을 찾기 위해 연구할 것이다. 선배에게 묻든지 탐장에게 묻든지 해서 목표를 달성하려고 할 것이다.

이렇게 하여 목표를 달성한다면 당신의 자신감은 하늘을 찌를 것이다. 그리고 목표를 달성하지 못한다고 할지라도 그에 근접한 성과를 낼 것이다. 그것만으로도 당신은 절망에서 벗어나 의욕적으로 다음 달 영업을 시작할 수 있다.

6 고객도 나와 똑같은 사람이라고 생각하라

지위가 높은 고객이나 사회적으로 성공한 고객을 만나면 주눅 드는 영업인들이 있다. 20여 년이 다된 이야기지만, 한때 필자는 대학 교수와 고위 공무원을 상대로 보험영업을 한 적이 있었다. 처음엔 내 자신이 정말 초라해 보였다.

그런데 이들을 만나보니 자기 분야는 잘 알지만, 그 외에는 나와 똑같다는 것을 알게 되었다. 더욱이 보험에 대해서는 나만큼 아는 사람이 없었다. 당연하지 않은가. 그 후부터는 그들을 만나 당당하게 설명하고 보험에 가입하라고 권유했다.

이처럼 어떤 사람이라도 모든 분야에 정통할 수는 없다. 영업인이 취급하는 제품을 영업인만큼 잘 알고 있는 사람이 세상 어디에 있겠는가. 그러니 결코 기죽을 필요가 없다.

교사가 되기 위해 사범대학을 나왔지만, 교사가 되지 못한 한 영업인이 있었다. 이 영업인은 자기 자신이 공부를 게을리해 교사가 되지 못한 것을 후회하며 영업을 시작했다. 그 영업인은 초·중·고 교사들만 만나면 주눅이 들어 상품에 대한 설명을 제대로 하지 못했다.

그래서 필자는 교사와 만나기 전에 주문을 외우게 했다. '너도 나도 똑같은 인간이다. 보험은 내가 너의 선생이다!'라고 말이다. 이런 주문을 5번씩 외우고 상담에 들어가게 했더니 비로소 교사들 앞에서도 당당해졌다.

당신이 만나는 사람들이 아무리 공부를 많이 하고 높은 지위에 있다고 해도 당신과 똑같은 사람일 뿐이다. 주눅들 것 하나도 없다.

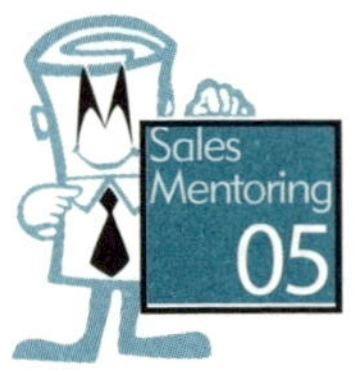

성취 욕구와 목표로 자가발전을 하라

1 성취 욕구와 목표는 왜 중요한가

인간 내면에 웅크리고 있는 성취 욕구가 없었다면 인류가 이만큼 발전할 수 있었을까? 인류의 역사는 어찌 보면 성취의 역사이자 성취 욕구가 많은 사람들에 의해 발전하여 왔다고 해도 결코 과언이 아니다. 현재보다 더 나은 단계, 현재보다 더 많은 것, 현재보다 더 우수한 것을 얻으려는 욕망이 인류로 하여금 끊임없이 '더 나은 단계'로 이끌어온 것이다. 뗀석기, 간석기, 청동기, 철기로 이어지는 역사만 보더라도 인류가 더 강한 것을 추구해 왔음을 알 수 있다.

그렇다고 해서 지구상에 사는 모든 사람들이 성취 욕구가 강한 것은 아니다. 성취 욕구가 내면에 얼마만한 크기로 자리잡고 있는

가를 알아보는 것은 적극적 성격인가 소극적 성격인가를 구별할 수 있는 방법 가운데 하나다. 이는 또한 부자와 가난한 자, 지배자와 피지배자, 영향력 있는 사람과 없는 사람으로 나눌 수 있는 잣대가 되기도 한다. 뭔가 이루고자 하는 사람과 그렇지 않은 사람은 분명 차이가 있다는 말이다. 그래서 성취 욕구는 학력, 배경, 출신을 뛰어넘을 수 있는 근원적인 에너지 공급원이다.

욕구와 동기이론을 연구한 심리학자 머레이는 성취 욕구가 높은 사람과 낮은 사람을 비교·연구하여 어떤 과제가 주어졌을 때, 이를 대하는 태도가 서로 다르다는 사실을 발견했다.

성취 욕구가 낮은 사람은 아주 쉽거나 아주 어려운 과제를 좋아한다. 그들이 쉬운 것을 좋아하는 이유는 스트레스를 덜 받고 쉽게 과제를 처리할 수 있기 때문이고, 아주 어려운 과제를 선택하는 이유는 실패하더라도 자신의 잘못이 아니라 과제의 난이도에 문제가 있다고 핑계를 댈 수 있기 때문이다.

반대로 성취 욕구가 높은 사람들은 중간 정도의 난이도가 있는 과제를 선호한다. 이들은 자신의 능력과 상황을 현실적으로 판단하여 그보다 약간 어려운 과제에 도전하여 성취하려는 경향이 강하기 때문이다.

심리학자들의 연구 결과에 따르면, 높은 성취 욕구를 가진 학생들이 졸업 후 사업가가 된 확률이 높았다고 한다. 한 심리학자는 대학생들이 재학 중에 성취 욕구가 얼마나 되는지를 평가한 후 14년을 기다려 그들의 직업을 조사했다. 그 결과 성취 욕구가 높았던 대학생들이 기업가가 된 비율이 높았다고 한다. 사업가가 되어 기업을 경영하는 일이야말로 최고의 성취감을 주기 때문이었다.

기업경영은 일단 안정적이지 않고, 도전할 수 있는 것이 많고, 실패와 성공이 마치 롤러코스트를 타는 것처럼 변화무쌍하다. 성취 욕구가 높은 사람들이 이에 끌리는 이유다. 그런데 영업도 성취 욕구를 자극하기에 충분하다. 매일, 매주, 매달 적당한 목표가 있고, 변화무쌍한 정도야 기업경영과 큰 차이가 없다.

군이 심리학자들의 연구가 아니어도 주변 사람을 조금이라도 눈여겨보면 성취 욕구가 높은 사람들이 적극적이고 긍정적이라는 사실을 알 수 있다. 이들은 모험을 즐기고, 도전적이며, 어려운 일도 희망과 기대감으로 달려든다. 반대로 성취 욕구가 낮은 사람들은 새로운 일이나 어려운 일을 만나면, 불안감, 공포감, 방어심리에 휩싸여 도망치려고 한다. 이들은 새로운 일은 시도조차 하지 않으려고 한다.

당신은 성취 욕구가 있는가. 당신이 스스로 성취감을 느낄 수 있도록 어떻게 동기부여를 할 수 있는가. 당신이 무기력한 상태에 있다면 어떻게 다시 도전정신에 불타게 할 수 있는가. 자신감을 갖고 새롭게 도전할 정신력을 어떻게 만들어 낼 수 있는가.

이를 위한 여러 가지 방법 중 한 가지는 새로운 목표를 가지는 것이다. 현재 자신의 모습과 자신이 바라는 모습이 일치하지 않으면, 사람들은 자신이 바라는 모습대로 되려고 하는 동기가 발생한다. 어떤 학생이 명문 대학에 들어가고 싶은데, 지금 실력으로는 입학하기가 어렵다면 더 열심히 공부하고자 하는 동기가 생길 것이다. 마찬가지로 현재 살고 있는 집이 마음에 들지 않는 사람은 더 좋은 집을 마련하기 위해 노력할 것이다.

이런 것을 심리학자들은 '불일치'라고 한다. 불일치는 현재의 자신과 희망하는 자신 사이에 차이가 있는 것을 말한다. '불일치'에는 '불일치 감소'와 '불일치 창조'라는 두 종류가 있다. 그런데 '불일치 감소'가 동기를 발생시키는 이유는 대략 이렇다.

어떤 학생이 평균 90점을 목표로 공부를 했는데 평균 85점을 맞았다면, 현재 점수와 희망하는 점수에 5점이라는 불일치가 생긴 것이다. 그러면 이 학생은 5점이라는 불일치를 좁히기 위해 다음번 시험에서는 더욱 노력하려는 동기가 생길 것이다. 한 달에 5대 파는 게 목표인 자동차 영업사원이 3대를 팔았다면, 이것도 현재 상태와 희망 사이에 2대라는 불일치가 발생한 것이다. 이 사람은 다음 달에는 불일치를 감소시키기 위해 동기부여를 하게 된다.

그렇다면 '불일치 창조'는 무엇일까? 시골 학교에서 전교 1등을 하는 학생에게 동기부여가 되지 않는 이유는 더 이상 성취할 목표가 없기 때문이다. 이런 학생에게는 서울이나 대도시 학교로 전학시켜 경쟁자를 만들어 준다. 자신보다 실력 있는 학생들이 모인 곳으로 가면 더 이상 전교 1등을 못할 수도 있다. 이렇게 하면 그 학생에게는 새로운 불일치가 만들어진다. 즉 불일치를 창조한 것이다.

이처럼 '불일치 창조'는 불일치를 새롭게 만들어 동기를 부여하는 것이다. 평균 90점이라는 목표를 달성했다면 다음번 시험에는 평균 95점으로 목표를 올리는 것이나 자동차 영업사원이 월 5대 판매라는 목표를 달성했다면 다음 달에는 목표를 7대로 올리는 것 모두가 불일치 창조라고 할 수 있는데, 이것은 현재에 만족하는 사람에게 더 큰 목표를 주어 동기를 부여하는 방법이라고 할 수 있다.

2 목표가 곧 정신력이다

한유정은 할리우드 최초의 한국인 미술 총감독이다. 그녀의 목표에 대한 열정과 도전은 그녀가 직접 쓴《꿈보다 먼저 뛰고 도전 앞에 당당하라》에 잘 표현되어 있다. 그녀는 열여섯 살 때에 '무대 디자이너'라는 꿈을 품은 뒤 오로지 그 꿈만을 향해 달렸다. 그 이후 그의 머릿속은 온통 무대 디자인으로 가득 찼다.

스물 여섯에 '무대 디자이너'이라는 꿈을 이루기 위해 안정된 직장을 버리고 미국 LA로 유학을 떠났다. 그녀는 IMF 시절 3개에 1달러 하는 햄버거를 얼렸다 녹여 먹으며 고픈 배를 채웠고, 학비를 벌기 위해 닥치는 대로 아르바이트를 했다. 하루 2시간만 자는 강행군을 계속하면서도 이를 악물었고, 23시간 55분 동안 촬영 현장을 지키고 있어도 5분을 비우면 물거품이 되는 냉정한 할리우드에서 반드시 살아남겠다는 마음가짐으로 자신의 입지를 다져 나갔다.

그리고 하루하루 계획을 세워 실행하고, 힘든 여건과 싸우면서 이겨 나갔다. 밤늦게 집에 들어오면 샤워도 못하고 침대에 쓰러졌지만, 새벽이면 주섬주섬 일어나 그날의 일정을 확인했다. 그렇게 그녀는 정신력과 체력의 한계를 넘어야 하는 힘겨운 싸움을 잘 견뎌냈다. 왜 그랬을까. "그 누구도 나에게 애송이라는 말을 할 수 없도록 해야만 했으니까"라고 그녀는 말한다.

그와 더불어 그녀의 다음 고백은 꿈과 목표가 얼마나 정신력을 강화시키는지 잘 보여준다.

"하루 2시간밖에 잘 수 없는 강행군을 계속해야 했지만, 할리우드는 정복하고 싶은 내 꿈의 무대이자 내 삶의 목표였다. 내 청춘을 바쳐서라도 반드시 그 무대에서 최고가 되고 싶었다. 사람의 말은 어떻게 하느냐에 따라 희망을 주기도 하고, 좌절을 안겨주기도 한다. 물론 받아들이는 사람이 어떤 자세를 가지느냐도 중요하다. 나는 할리우드에서 받은 무수한 상처의 말들을 내 성장의 밑거름으로 삼았다. 오로지 내가 가고자 하는 목표를 바라볼 뿐 남의 말에 연연하지 않고 오히려 상처를 긍정적으로 받아들이고자 노력했다. 나 자신과 꿈에 대한 믿음이 없었다면 절대 불가능한 일이었을 것이다.

박지성 선수는 이제 세계적인 축구선수가 되었다. 그를 모르는 사람은 아무도 없을 것이다. 그는 초등학교 때 이미 국가대표 축구선수라는 목표가 있었다. 그 꿈이 바로 지금의 모습을 이끌었다. 박지성 선수의 초등학교 때 일기가 신문에 나 화제가 된 적이 있었다. 그는 그 일기에서 목표가 있었기에 힘들어도, 추워도, 고달파도 참아낼 수 있었다고 말하고 있다. 박지성 선수가 초등학교 때 썼다는 일기를 한 번 보도록 하자.

축구가 끝나고 돌아오니 다리가 얼 정도로 추웠다. 얼어붙어 동태가 되는 줄 알았다. 그래도 축구를 끊을 생각은 전혀 없다.

지금까지 축구를 해왔지만 고달프고 힘이 든다……. 오늘은 특히 힘들었다. '다른 사람도 참는데, 내가 못 참으랴!' 라면서 했다. 고달프지만 참을 수 있다. 힘들지만 참아서 목표를 달성할 것이다.

아빠가 축구를 하지 말라기에 두려웠다. 이유는 내 꿈이 국가대표 축구선수이기 때문이다.

이처럼 박지성 선수는 이미 초등학교 때 국가대표 축구선수가 되겠다는 확고한 목표가 있었기에 그 어려운 훈련을 즐기며 할 수 있었다. 강한 정신력은 확고한 목표에서 나온다는 것을 몸소 증명한 것이다. 목표가 있는 사람은 목표가 없는 사람보다 더 강한 정신력으로 목표를 향해 달려간다. 성취 욕구를 느끼기 때문이다. 그리고 이때 느끼는 성취감은 또 다른 목표를 갖게 한다. 앞에서 말한 '불일치 창조'를 기억하라.

또 한 사람을 만나보자. 세계에서 여성 최초로 히말라야에서 8,000m가 넘는 고봉 14개를 모두 정복한 오은선은 어떤 목표가 있었기에 어렵다는 그 일을 해낼 수 있었을까? 오은선이 고봉을 완등하기 전 히말라야 8,000m 봉우리 14개를 모두 오른 사람은 남자들뿐이었다. 오은선은 여자에다가 키 155cm, 체중 50kg 미만. 도대체 그 엄청난 일을 해내리라고는 도저히 상상할 수 없는 신체 조건이다. 그러나 오은선은 해냈다. 그에겐 꿈이 있고, 목표가 있었기 때문이었다.

오은선은 고등학교 때부터 산에 오르기는 했지만, 수원대 전자계산학과에 입학해 산악 동아리에 들어가며 산과 본격적인 인연을 맺었다. 졸업 후에는 안정된 직장인 서울과학교육원에 전산직 공무원으로 취직을 했다. 그런데 1993년 에베레스트에 갈 기회가 생겼다. 휴가를 냈지만, 받아들여지지 않았다. 하긴 산에 간다는데 몇 개월씩 휴가를 주며 잘 갔다 오라고 할 직장이 어디 있겠는가.

그녀는 미련 없이 사표를 냈다. 안정된 직장을 버리고 산을 선택한 것이다. 이 사실을 알게 된 부모님은 기가 막혔다. 한없이 작아 보이는 딸이 동네 뒷산도 아니고 에베레스트를 간다는데, 어느 부모가 찬성하겠는가. 오은선의 부모님은 딸의 결심을 막기 위해 등산 장비를 모두 버리면서까지 반대했다.

하지만 오은선은 뜻을 굽히지 않았다. 이때 '여성 에베레스트 원정대'의 참가를 시작으로 세계적인 여성 산악인으로 첫발을 내디뎠다. '여성 에베레스트 원정대'는 대원 3명이 에베레스트 등정에 성공하며 한국 산악계를 놀라게 했다. 오은선은 식량 담당으로 정상에 오르지 못했지만, 이를 계기로 본격적인 해외 원정에 눈을 떴다.

오은선이 처음으로 8,000m 고봉을 오른 것은 1997년이었다. 그리고 두 번째로 오른 때는 7년 뒤인 2004년이었다. 그때 세계에서 가장 높은 에베레스트를 올랐다. 이 등반으로 오은선은 비로소 실력 있는 산악인으로 인정받게 되었다. 산을 오르다 전날 실종되었던 동료 산악인 박무택의 시신을 보았다. 얼마나 놀랐을까? 나도 저렇게 될지도 모른다는 두려움과 공포가 밀려오지 않았을까? 하지만 오은선은 공포와 두려움을 이기고 에베레스트 정상에 올랐다.

그리고 정상을 밟은 후, 베이스캠프로 돌아오는 길에 산소가 떨어져 캠프에 도착하기 직전에 쓰러질 정도로 그녀는 악바리였다. 하지만 이때의 등반은 좋은 경험이 되었다. 에베레스트를 오른 후 그해 12월 남극에서 제일 높은 봉우리 빈슨매시프4,897m를 정복했다. 이로서 7대류 최고봉 등정을 마친 것이다. 이때부터 그녀는 14좌 완등이라는 목표를 세웠다.

그러나 두려운 도전이었다. 오은선 본인도 자기가 그것을 해낼 수 있을지 확신할 수 없었다. 자신을 테스트 해보기로 마음을 먹었다. 세계에서 두 번째로 높은 K2를 정복한다면, 14좌 완등에 도전하겠다는 결심을 했다. K2가 워낙 난코스라 많은 산악인들이 희생되었기 때문에 오은선은 이 산을 선택한 것이었다. 결국 오은선은 성공했다. 그리고 자신감을 얻었다.

에베레스트 14좌 완등이라는 목표가 생기자 그녀는 열정에 불탔다. 어디서 그런 기운이 나왔을까. 2008년에서 2009년까지 2년 동안 8개 봉우리를 정복했다. 세계인은 놀랐다. 저만큼 앞서 있던 다른 여성 경쟁자들을 뒤로 제쳤다. 이제 14좌 완등이 아니라, 세계 최초 여성 산악인으로서 14좌 완등이라는 목표가 생겼다. 목숨보다 더 소중한 자신의 목표를 위해 그녀는 걷고 또 걷고, 오르고 또 올랐다.

과연 마음속에 이런 목표가 없었다면 어디서 그런 힘과 배짱이 나왔겠는가. 그리고 드디어 2010년 4월 27일, 그녀는 세계 10위의 고봉인 해발 8,091m의 히말라야 안나푸르나 정상에 올라 히말라야 8,000m급 14좌 완등에 성공했다. 자신의 목표를 이룬 것이다.

이처럼 목표는 사람을 움직이는 강력한 에너지를 가지고 있다. 그래서 목표가 있는 사람과 목표가 없는 사람은 하늘과 땅만큼 차이를 보이는 것이다.

3 목표를 세우는 방법

성취 욕구가 강한 사람은 목표를 달성하는 순간 강한 성취감을 느낀다. 그리고 그 성취감은 더 큰 목표를 향해 내달리도록 동기를 부여한다. 아마 누구나 목표의 중요성을 알고 있을 것이다. 그리고 목표가 없는 사람은 없을 것이다.

그런데도 사람들의 성패가 갈리는 것은 목표를 세우는 방법에 차이가 있기 때문이다. 실패한 사람들의 목표는 막연하고 모호하다. 목표라기보다는 막연한 희망일 뿐이다. 하지만 성공한 사람들의 목표는 구체적이고 명확하다. 그렇다면 성공한 사람들은 목표를 어떻게 세우는 것일까? 그 방법은 다음과 같다.

1) 적정한가?

적정한 도전이라는 것은 성공할 확률과 실패할 확률이 반반 정도는 되어야 한다. 적정한 도전은 실패했을 때에도 유익하다. '실패도 경험'이라는 말은 그래서 나왔을 것이다. 적정한 도전에서 실패했을 경우 성취 욕구가 강한 사람은 실패한 이유를 따져 보고 다음 시도에 이를 반영한다. 그리고 역량이 부족하다고 생각하면 더 노력한다.

하지만 당신이 비록 실패를 했다고 하더라도 자기 자신에게 관대할 필요가 있다. 특히 그것이 새로운 도전이라면 실패를 긍정적으로 평가해야 한다. 아울러 적정한 도전으로 만들기 위해 그 목표를 쪼개 중간 목표를 만드는 것도 중요하다. 그래야 사다리를 오르듯 한 계단 한 계단 목표를 달성할 수 있다.

2) 구체적인가?

목표는 구체적이어야 한다. 예를 들어 '나는 음식점을 하겠다' 보다는 '나는 냉면 전문점을 하겠다'가 더 구체적인 목표다. 목표가 구체적이어야 실행 계획을 짤 수 있다. 모호하고 막연한 목표는 실현 가능성이 낮다.

책을 읽는 학생을 대상으로 한 연구에서 목표가 불확실한 학생들은 방 안을 이리저리 훑어보며 집중력이 떨어진 반면 구체적 목표가 있는 학생들은 더 많은 시간을 집중적으로 책 읽는 데 사용했다고 한다. 중간고사를 앞둔 대학생을 대상으로 한 실험에서도 단순히 좋은 성적을 상상한 학생보다는 좋은 성적을 얻기 위한 방법을 구체적으로 생각한 학생이 더 나은 성적을 받았다고 한다.

3) 측정할 수 있는가?

체중을 줄이려는 사람은 먼저 체중계를 준비해야 한다. 그래야 매일매일 자신의 체중 감량 정도를 측정할 수 있다. 운동을 열심히 하고 먹는 양도 줄이며 열심히 체지방을 빼지만, 그 과정을 눈으로 볼 수 없다면 잘 되고 있는지 안 되고 있는지 모를 수밖에 없다. 성과를 측정할 수 있어야 목표를 달성하기가 쉽다. 영업인들은 목표 달성을 수치로 측정할 수 있는 직업이다. 매일, 매주, 매달 목표를 세우고 달성을 위해 노력한다면 강한 정신력을 기를 수 있다.

4) 현실성이 있는가?

지나치게 높은 목표나 상식적으로 불가능한 목표들도 있다. 예를 들어, 올해 40살인 가정주부가 '앞으로 5년 동안 열심히 연습해서 김연아와 같은 피겨 스케이트 선수가 될 거야'라는 목표를 세웠다면, 이는 현실성이 없는 목표다. 차라리 '피겨 스케이트를 열심히 해서 체중을 5kg 빼야지'가 현실적이다. 목표가 현실적이어야 동기부여가 된다. 어차피 달성하지도 못할 목표에 최선을 다할 사람은 없다.

5) 언제쯤 달성할 것인가?

기한을 정하지 않은 목표는 사실 목표라고 할 수 없다. '언젠가는 사업을 할 거야'와 같은 막연한 목표는 실행력을 떨어뜨린다. 구체적인 목표, 가령 '5년 후에 한정식집을 할 거야'와 같이 기한이 정해져 있어야 훨씬 강한 동기가 생긴다. 영업인이라면 일의 특성상 매달 혹은 1주일 단위로 목표가 있을 것이다. 그것을 반드시 달성하고 넘어가는 의지가 중요하다.

⑥ 누구의 목표인가? 누가 만든 목표인가?

위의 다섯 가지 요소를 충족시킨다 하더라도 그 목표를 자신의 목표로 받아들이느냐는 무엇보다 중요하다. 아무리 훌륭한 목표라도 스스로 받아들이지 않으면 아무 의미가 없기 때문이다. 따라서 자신에게 주어진 목표를 받아들이려면 스스로 목표를 세워야 한다. 다른 사람이 정한 목표로는 동기부여가 되지 않는다.

이처럼 확고한 목표는 강한 정신력을 심어준다. 박지성과 오은선을 보라. 그리고 당신이 알고 있는 성공한 사람을 보라. 목표가 없는 사람이 있었던가. 또한 위대한 위인들도 모두 목표가 있는 삶을 살았다.

보험회사에서, 자동차 회사에서, 화장품 회사에서, 건강기능식품 회사에서 영업으로 성공한 사람들의 이야기를 한 번 들어보라. 이들 모두가 확고한 목표를 세우고 목표 달성을 위해 차곡차곡 실행한 사람들이었다.

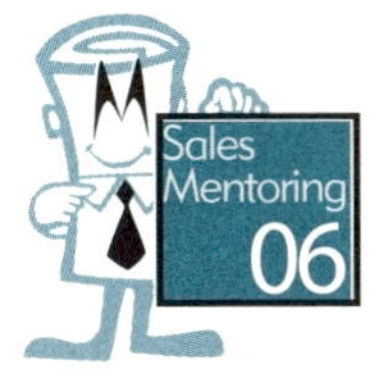

영업에 대한
헛된 편견을 버려라

영업을 하는 사람이라면 영업에 대한 편견을 깨야 한다. 자신감이 없는 영업인들이나 두려움을 느끼는 영업인들은 거의 대부분 영업에 대해 안 좋은 편견을 품고 있다.

그렇다면 편견이란 무엇일까? 국어사전에는 '공정하지 못하고, 한쪽으로 치우친 생각'으로 나와 있다. 고정관념, 고집불통, 잘못된 생각 등이 편견이다. 이런 편견이 머릿속으로 들어와 자리를 잡고 있는 사람은 잘 바뀌지 않는다, 머릿속에 딱 달라붙은 편견이 잘 떨어지지 않고 모든 생각과 행동에 관여하기 때문이다.

여기서 문제는 편견이 고착화되면 새로운 것을 받아들여 변화하려는 노력을 하지 않는다는 데 있다. 영업인에게 이런 편견이 있다면 당연히 깨부숴야 하는 이유가 여기에 있다. 한 가지든 몇 가지든 머릿속에 영업에 대한 안 좋은 편견을 가지고 있다면 영업에 적극적으로 나설 수 없다. 부끄러움과 수치스러움을 느껴서야 어떻게 영업을 하겠는가.

그렇다면 영업인들이 가진 편견에는 어떤 것이 있을까. 처음 영업을 하거나 오랫동안 영업을 했지만, 뚜렷한 성과를 내지 못하는 영업인들은 다음과 같은 편견을 품고 있다.

1 편견 I : 영업은 신세를 지거나 폐를 끼치는 것이다

"나는 한 번도 누구에게 아쉬운 소리를 해보지 않았다"라고 말하는 사람이 있다. 또는 "나는 남에게 신세를 지는 짓은 죽어도 못한다"라고 말하는 사람도 있다. 영업을 하려면 남에게 아쉬운 소리를 해야 하는데 자기는 그걸 못해서 영업을 하기 힘들다는 것이다.

사고 싶지 않은데 자꾸 사달라고 조르면, 그게 바로 '신세를 지는' 것이다. 그런데 그것은 실상 영업이 아니라 동냥이다. 영업을 그렇게 생각하고 있다면 편견이다. 이것은 반드시 깨야 한다. 영업은 물건을 파는 게 아니라 고객이 스스로 사게 하는 일련의 과정이다. 따라서 영업은 신세를 지는 게 아니라 고객의 문제를 해결하여 도움을 주는 것이다.

건강기능식품의 방문판매를 오랫동안 해온 필자는 고객에게 고맙다는 인사를 참 많이 들었다. 만성질환자가 건강기능식품으로 건강

을 회복한 사례는 무수히 많다. 건강기능식품을 취급하는 영업인들
이 효과도 없는 물건을 아는 사람에게 억지로 판매하는 행위를 해왔
다면 어떻게 수십 년 동안 그 회사를 유지할 수 있었겠는가.

또한 보험에 들었다가 불의의 사고를 당했을 때 큰 도움을 받은 사
례를 당신은 주변에서 수없이 들었을 것이다. 이처럼 고객의 욕구를
정확히 파악해 고객을 만족시키고, 자동차를 판매해 고객을 행복하
게 하며, 기능성 화장품으로 고객의 피부문제를 해결해 고객으로 하
여금 자신감을 갖게 하는 활동은 얼마나 보람된 일인가?

안산지역에 있는 유니베라 호수대리점에 근무하는 조선옥 씨야
말로 영업인에게 은혜를 입은 사람이다. 그녀는 체지방을 분해하는
건강기능식품으로 두 달 동안 무려 몸무게 14kg을 뺐다. 그녀의 이
야기를 한 번 들어보자.

"살이 붙게 되면 맞는 옷도 없고, 밖에 나가기 싫어지죠. 나도 그랬어요. 그러던
중에 체지방을 분해한다는 제품의 출시 기념으로 다이어트 무료 체험단을 모집
한다는 소식을 듣게 됐지요. 귀가 번쩍 뜨였어요. 매일 11시 반까지 출근해 제품
을 복용하고 운동을 꾸준히 했어요. 식단도 현미밥 위주의 채식으로 바꾸고, 자
주 움직이려고 노력했지요. 그랬더니 딱 한 달 동안 체중이 12kg, 체지방이 무려
8kg이나 빠지는 놀라운 경험을 했어요. 그리고 저의 달라진 모습을 보고 남편과
아이들도 점차 건강한 생활습관을 찾게 됐어요."

유니베라 수지대리점에서 일하는 김순열 부장도 유니베라에서 은

혜를 입은 사람 중 한 명이다. 평소 아토피가 있었던 큰 아들이 군대에 가서는 스트레스와 화생방 훈련으로 아토피가 심해졌다고 했다. 그래서 아들 생각에 울먹였지만, 유니베라 제품으로 아토피가 많이 호전된 후에는 다니던 좋은 직장을 그만두고 영업을 시작했다.

이처럼 고객의 문제를 확실히 해결하면 고객은 영업인 편이 된다. 지금도 당신은 좋은 제품을 팔기 위해 영업을 하고 있을 것이다. 만약 당신이 근무하는 회사와 제품에 대한 확신이 없다면, 더 이상 영업을 하지 않는 게 낫다. 그런 상태에서 고객에게 영업을 하는 것이야말로 신세를 지는 것이고 폐를 끼치는 것이기 때문이다.

그러니 당신 회사와 제품에 당당하라. 그리고 결코 고객 앞에서 당당함을 잃지 마라. 당신은 고객에게 도움을 주고 있는 것이다.

2 편견 II : 영업은 말주변이 좋아야 한다

필자가 오랫동안 영업 현장에서 교육을 하며 알게 된 사실 중 하나가 바로 말주변이 오히려 영업에 해가 될 수도 있다는 것이다. 영업은 고객의 문제를 해결하는 일련의 과정이라고 이미 말했다. 그럴려면 먼저 고객의 문제를 알아야 한다. 물론 많은 영업인들이 고객의 문제를 알아내는 게 뭐 그리 어렵냐고 반문할 것이다.

하지만 한 번 생각해 보라. 당신이라면 처음 본 사람이나 몇 번 본 사람에게 당신의 문제를 털어놓을 수 있겠는가. 자랑거리라면 모를까 신체의 특정한 질병, 가족력이 있는 질병, 가정의 재정문제, 자신의 속마음 등을 이야기하는 것은 결코 쉽지 않다.

가망고객이 자신의 문제를 솔직히 말하게 하려면 고객과 그만큼 신뢰관계가 형성되어 고객이 '이 사람은 믿을만 하구나!'라고 생각해야 한다. 그래야 비로소 자신의 속마음, 자신이 가지고 있는 문제, 자신이 무엇을 필요로 하는지, 자신이 원하는 것이 무엇인지 말을 하게 된다.

그러므로 말을 잘하는 것보다 더 중요한 것은 고객에게 질문을 하고, 답변을 경청하는 것이다. 말주변이 좋아 고객의 말은 듣지 않고 자기가 취급하는 제품의 좋은 점이나 회사 자랑만 하는 영업인은 고객에게 결코 호감을 줄 수 없다. 자기 얘기만 하는 사람은 어디를 가나 환영받을 수 없듯이 영업 현장에서도 이는 마찬가지다. 영업에서는 고객이 말을 하게 만들고, 영업인은 고객이 하는 말을 잘 듣는 것이 핵심 기술이다.

영업조직을 관리하고 얼마 되지 않아 40대 후반인 한 분이 일을 하겠다고 들어왔다. 자기는 이 지역에서 오랫동안 살았고, 누구누구도 알고 사장님이 나를 알게 된 것은 큰 행운이라고 큰소리를 쳤다. 나도 경험이 없었던 터라 그 말을 믿었고 기대를 잔뜩 했다.

그러나 일을 조금하더니 이런 저런 불평을 늘어놓기 시작했다. "값이 비싸서 고객들이 부담스러워 한다", "사장이 팍팍 풀지를 않는다", "제품의 효과가 없는 것 같다"라며 온갖 부정적인 얘기를 늘어놓기 시작했다. 말주변이 좋으니 말을 얼마나 잘 했겠는가. 하지만 결국 3개월을 버티지 못하고 그만두었다.

반면 내가 유니베라를 처음 시작할 때 같이 일을 시작한 김영중 지부장은 벌써 10년 가까이 나와 함께 일을 하고 있다. 지금은 성격도 활발해지고 이런저런 모임에서 레크리에이션을 이끌 정도지만, 처음에는 말주변도 없는 데다 내성적이고 수줍음이 많아 저 사람이 과연 영업을 할 수 있을까 싶었다. 하지만 김영중 지부장이 10년 동안 영업을 하며 지부장까지 된 것은 말주변이 아니라 가망고객의 말을 잘 들어주고, 고객을 배려하는 마음이 있었기에 가능했다.

필자와 첫 번째 책을 같이 썼던 한연경 팀장은 또 어떤가. 처음 개척 영업을 나갔다가 소화불량에 걸려 한 시간도 못 되어 다시 사무실로 돌아왔을 정도였다. 말주변이 없고 내성적이라 고객을 만나는 것을 두려워했지만, 한 팀장은 곧 부지런함과 성실함으로 이를 극복했다.

벙어리만 아니면 조건은 누구나 같다. 고객은 말을 잘 한다고 사주지 않는다. 당신 주변을 보라. 말 잘하는 사람을 좋아하는 게 아니라 말 없이 베푸는 사람을 더 좋아하지 않던가. 영업도 마찬가지다. 말로 위하는 척하는 게 아니라 마음으로 고객을 위하면 누구나 영업으로 성공할 수 있다. 영업은 '입'으로 하는 게 아니라, 고객을 향한 진실된 '마음'으로 하는 것이다.

3 편견Ⅲ : 영업은 아는 사람이 많아야 한다

지금까지 알던 사람은 중요하지 않다. 좋은 성과를 내고 있는 영업인에게 물어보라. "고객 중에 이전부터 아는 사람이 더 많습니까? 영업하면서 알게 된 사람이 더 많습니까?"라고. 모든 영업인들이 영업을 한 후에 알게 된 고객이 훨씬 많다고 대답할 것이다.

지금까지 알고 있었던 사람보다 지금부터 아는 사람이 더 중요하다. 지금까지 아는 사람이 별로 없었더라도 지금부터 아는 사람을 만들면 된다. 어제까지 모르던 사람도 오늘 만나 인사를 하고, 명함을 주고, 악수를 하고 나면 아는 사람 아닌가. 이렇게 아는 사람들을 많이 만들려고 노력하면 영업은 쉽다.

초보 영업인들에게 상처를 주는 사람들은 대개가 평소 친하게 어울렸던 지인들이다. 이들은 "왜 영업을 시작했어?"를 시작으로 "그것을 힘들게 왜 해?", "효과도 없는 제품이다", "비싼 제품이다", "한물갔다"와 같은 부정적인 말로 초보 영업인의 기운을 뺀다. 그래서 초보 영업인 시절에는 가능한 한 지인들에게는 영업하는 것을 알리지 말라고 필자는 가르친다.

그러나 진정으로 나를 이해하고 나에게 도움이 될 만한 사람에게는 말하는 것도 좋다. 그 이외의 사람들은 상대방이 부담을 가질 수 있으니 제품에 대한 확신을 갖거나 어떤 말에도 기분 상하지 않을 정도로 내공이 쌓일 때까지 만나지 않는 게 좋다. 물론 개척판매를 하며 상처를 받을 수도 있다. 그러나 모르는 사람에게 안 좋은 이야기를 듣는 것은 아는 사람에게 듣는 것보다 충격이 크지 않다.

영업인이라면 가망고객을 많이 확보하는 것이 무엇보다 중요하다. 당신에게 더 잘해주고, 당신을 더 좋아하며 신뢰하는 가망고객은 지금 당신이 전혀 모르는 사람 가운데 있을 수 있다. 진짜 보석은 숨어 있다고 하지 않던가.

필자가 방문판매업을 처음 시작했을 때, 용인의 수지지역은 개발한 지 5년 정도 된 신도시였다. 다른 데서 이사온 사람들이 많아 서로 모르는 사람들이 많았다. 이런 가운데 눈부신 매출을 올리는 영업인 있는가 하면 아는 사람이 없어서 영업하기 힘들다고 포기하는 사람도 있었다.

이것은 무엇을 의미할까. 지금까지 알고 있는 사람이 많다는 사실도 중요하지만, 그게 전부는 아니라는 것이다. 당신이 지금 개척영업을 나가서 인사를 하고 악수를 하고 명함을 주고받았다면, 그 사람은 이제 '아는 사람'이 된다. 이렇게 알게 된 사람들을 어떻게 관리하느냐에 따라 당신의 고객이 될 수도 있고, 영원히 가망고객으로만 남을 수도 있다.

탁월한 성과를 내는 영업인들은 끊임없이 가망고객을 만들어 간다. 혹시 '깔때기 효과'라는 말을 아는가. 깔때기는 위로 집어넣은 것이 많아야 밑으로 나오는 게 많다. 가망고객을 끊임없이 만들어서 깔때기를 채워야 그중에서 구매고객이 나온다는 말이다.

4 편견 IV : 영업은 어렵다

영업은 왜 어려울까? 방법을 모르기 때문이다. 영업도 기술이다.

기술을 모르면 뭐든지 어려운 법이다. 태어날 때부터 운전을 한 사람은 없다. 운전학원에서 교육을 받고 시험에 합격해야 운전할 수 있는 면허증을 받을 수 있다.

하지만 처음 면허증을 받았어도 금세 운전을 잘할 수는 없다. 후진, 주차, 주행을 자주 해야만 운전이 편해지고 잘하게 되는 것이다. 영업도 마찬가지다. 취급하는 상품을 알고, 효과적인 판매 기술을 습득하게 되면 운전처럼 영업도 편하고 잘 할 수 있다. 전혀 어려울 게 없다.

그렇다면 영업에 필요한 기술에는 어떤 것이 있을까? 고객을 찾아내는 방법, 고객에게 제품을 효과적으로 설명하는 방법, 가격을 협상하는 방법, 망설이는 고객에게 마무리를 하는 방법, 불평하는 고객을 이해시키는 방법, 고객을 관리하는 방법 등이 있다.

물론 열심히 고객을 만남에도 불구하고 남들보다 성과가 없을 수도 있다. 이렇게 발품과 성과가 정비례하지 않을 때, 영업인들은 좌절한다. 그럴 때는 자신의 영업 스타일을 한 번 점검해 볼 수 있는 기회로 삼아야 한다. 시간을 갖고 과정 하나하나를 점검하는 게 좋다.

그러고 나서 부족한 점이 있으면 채워 나가야 한다. 영업능력은 타고나는 게 아니고, 특별한 사람들만 하는 일도 아니다. 언어 장애만 없다면 누구든지 도전할 수 있는 분야가 영업이다. 그러나 의욕만 가지고 할 수 있는 것은 아니다. 영업 기술을 배워야 한다.

영업에 대한 편견이 당신의 마음속에서 모두 사라졌다면, 당신은 고객 앞에서 당당해질 것이다. 영업을 부끄러운 직업이 아니라 '영원한 직업'이라고 자랑스러워 할 것이다.

영업은 여성에게
오히려 유리하다

1 여성은 타고난 능력이 있다

통계에 따르면, 지난 1996년보다 2008년에 경제적인 이유로 이혼한 건수가 5배 이상 증가했다고 한다. 그런데 이혼에는 아이들 문제가 뒤따르게 마련이다. 그래서 1998년도에는 보호아동이 8,268명이었는데, 1년 후 IMF 기간에는 1만 800명으로 늘어났다고 한다. 그리고 카드대란 때에도 이는 급격이 늘어났다.

그렇다면 왜 이런 일이 발생할까? 아무런 대책도 없이 살다가 남편이 실직을 하거나 사업에 실패를 하면 이렇게 된다. 더 끔직한 일은 어린아이와 함께 죽는 동반자살이다. 이는 우리나라에만 있는 특이한 현상이다.

여성들 대부분은 직장에 다니다 결혼을 하며 직장을 그만둔다. 그 후 아이들을 어느 정도 키우고 나면 일을 다시 시작하고자 한다. 물론 돈을 벌어야 할 처지에 있는 사람도 있지만, 심심해서 '뭐라도 한번 해볼까?'라는 마음에 일을 하려는 사람도 있다. 특히 교육비 부담은 여성들이 직장을 가지려는 가장 큰 이유 중 하나다.

그런데 결혼 후 10~20여 년 동안 살림만 하던 여성들이 취업을 하려고 해도 마땅한 곳을 찾기란 여간 쉽지 않다. 기껏해야 식당, 할인점, 파출부, 간병인 정도다. 하지만 이런 일은 시간도 자유롭지 않을 뿐더러 체력에 자신이 없으면 엄두도 낼 수 없다.

그렇다면 그런 일에서 보람이나 삶의 의미를 찾을 수 있을까? '보람과 삶의 의미? 그게 뭐가 중요해? 먹고 살기만 하면 되지!'라고 생각한다면 할 말이 없다. 그렇게 생각하는 것은 본인의 자유니까. 그런데 꼭 이런 사람들이 나이가 들면 인생이 허무하다느니 남편도 자식도 다 필요 없다며 한탄을 한다. 답답한 일이다.

필자는 그렇게 일자리를 찾는 여성들에게 영업을 권하고 싶다. 영업은 체력이 강하지 않아도 할 수 있다. 아이의 양육문제로 많은 시간을 낼 수 없어 망설이는 여성도 가능하다. 시댁 일이 많은 여성도 할 수 있다. 게다가 화장도 예쁘게 할 수 있고 옷도 예쁘게 입을 수 있다.

"영업이 뭐 쉬운 일인가요?"라고 반문하는 여성도 물론 있을 것이다. 맞다. 영업은 쉽지 않다. 그러나 여성이 남성보다 쉽다. 타고났기 때문이다. 여성의 몸속에는 수만 년 전부터 영업을 하기에 적당한 유전자가 진화를 해왔다. 여성은 영업하기에 좋은 능력을 갖고 태어난 것이다. 그렇다면 필자는 무슨 근거로 이렇게 말하는 것일까?

1) 보살피는 능력

지금부터 몇만 년 전으로 돌아가 보자. 어느 부부가 살고 있었다. 그 당시 남성들은 주로 사냥을 해 먹을 것을 공급했고, 여성들은 아이들을 돌보며 집 주변에서 채집활동을 했다. 그런데 어느 날 무시무시한 맹수가 나타났다. 이때 여성과 남성은 각각 다른 행동을 취할 수밖에 없었다.

남성은 어떻게 했을까? 맞서 싸우든지 도망가든지 둘 중 하나다. 그러나 여성은 그렇게 할 수 없었다. 무시무시한 맹수가 나타났다고 엄마가 아이를 놔두고 도망가면 어떻게 되겠는가. 여성은 조용히 아이를 안고 맹수의 눈에 띄지 않도록 교묘히 몸을 피했을 것이다. 겁에 질린 아이를 달래서 진정시키고, 주의를 끌지 않도록 주변 환경에 몸을 숨길 수 있게 만드는 능력 말이다. 이것이 바로 보살핌인데, 여성들은 수만 년 동안 혹은 그보다 오랫동안 '보살피는 능력'을 갖추도록 진화해 왔다.

《너와 나를 묶어주는 힘, 보살핌》에는 생물심리학자인 마이클 미니가 보살핌이 얼마나 중요한지 쥐를 대상으로 실험한 내용이 실려 있다. 그는 새끼 쥐를 어미 둥지에서 꺼내 쓰다듬고 다시 어미에게 돌려주는 일을 여러 번 반복했을 때, 그 새끼 쥐는 그렇게 하지 않은 다른 쥐들에 비해 신체적으로 훨씬 훌륭한 발달을 보인다는 사실을 알아냈다.

마이클 미니는 새끼가 우리로 돌아왔을 때 어미 쥐가 어떻게 행동하는지 관찰했다. 어미 쥐는 다시 돌아온 새끼 쥐에게 쏜살같이 달려가 열렬히 핥아 주고, 털을 다듬어 주고, 돌보아 주었다. 이것은 사람이 "내 소중한 아이야, 다시 엄마 품으로 돌아왔구나. 얼마나 걱정을 했는지 아니? 엄마는 널 매우 사랑한단다"라고 말하는 것과 같다. 새끼 쥐들은 어미의 이런 보살핌 속에 무럭무럭 자랐던 것이다.

남자들은 스트레스를 받으면 여성을 찾아간다. 서광원 씨는 《사장으로 산다는 것》에서 사장들이 바람을 피우는 이유에 대해 설명하고 있다. 사업을 하며 외로움을 느낄 때 여자를 만난다는 것이다. 얼굴이 예쁠 필요도 없고, 그저 남자의 말을 잘 들어주는 여인이 필요하다는 것이다. 여성에게 보살핌이 있기에 가능한 이야기다.

남성들은 여성과 같이 있으면 정서적으로 이로운 효과를 얻는다는 연구 결과도 있다. 미국의 심리학자 래드 휠러와 그의 동료들은 고독에 관한 연구를 했다. 《너와 나를 묶어주는 힘, 보살핌》에서 보면, 다른 학생들이 크리스마스를 보내기 위해 집으로 돌아갔을 때 재시험을 보기 위해 학교에 남아 있는 학생들을 그들은 연구 대상으로 삼았다.

명절은 특히 고독과 우울증이 심화될 수 있는 시기다. 가족과 떨어져 스트레스를 받는 상황에 있다는 것은 사태를 더욱 심각하게 만들 수 있다. 그들은 이럴 때 학생들이 누구와 함께 보내는지 알아보았다. 그 결과 학생들이 고독감을 느끼는 정도에 가장 큰 영향을 준 요소는 역시 휴가기간 동안에 남아 있는 여학생들과 얼마나 많은 시간을 보냈는가 하는 점이었다.

남학생이든 여학생이든 여성과 보내는 시간이 길면 고독감을 덜 느꼈다. 한편 남학생이든 여학생이든 대부분 남성과 보낸 시간은 정신 건강에 별로 큰 영향을 주지 않았다. 이것은 학생들에게만 나타나는 게 아니다. 우리 인간은 남성이든 여성이든 일생 동안 여성의 보살핌에 큰 이득을 보고 있다.

그러면 영업에서 보살피는 능력이 왜 필요할까? 영업의 핵심은 고객발굴, 상품판매, 고객관리에 있다. 영업에서 이 세 가지 중 어느 것 하나도 소홀히 해서는 안 된다. 그중에서도 고객관리, 즉 애프터서비스는 아주 중요하다. '재구매가 되느냐, 안되느냐', '좋은 입소문이 나느냐, 나쁜 입소문이 나느냐'는 고객관리에 달려 있다.

그렇게 보면 고객관리는 결국 '고객 보살핌'이라고 할 수 있다. 고객관리를 잘하려면 보살피는 능력이 있어야 한다. 여성은 고객관리에 대해 특별히 배우지 않더라도 어떻게 고객을 보살펴야 하는지 이미 잘 알고 있다. 그렇게 진화를 해왔기 때문이다.

2) 어울리는 능력

여성들은 스트레스를 받으면 사회집단을 찾는 특징이 있다. 원시시대부터 위험이 사방에 도사리는 상황에서 어울림은 위험에 대처하는 효과적인 방법이었다. 남성과 여성은 스트레스를 푸는 방법에도 차이가 있다. 스트레스 자체만 해도 건강에 좋지 않은데, 남성이 스트레스를 푸는 방법은 오히려 건강을 더 해치는 방법이다.

얼마 전 미국의 한 기관이 실직한 남성들을 상대로 조사한 것을 발표했다. 실직한 남성들이 실직한 여성들보다 더 많은 스트레스를 받으며, 더 빨리 자신감과 의욕, 정체성을 상실했다고 한다. 그리고 남성 실직자는 집에 틀어박혀 혼자 술을 마시는 때가 잦았다고 한다.

그러나 여성들이 주로 하는 방법은 친구를 만나 문제를 털어놓거나 누군가에게 전화를 하는 것이었다. 자신의 걱정거리를 다른 이에게 털어놓음으로써 근심을 털어버리는 것이다. 여성이 스트레스를 받았을 때 남성이 옆에 있으면 오히려 스트레스 반응이 높아졌다. 그런데 다른 여성이 곁에 있을 때는 스트레스 반응이 대개 줄어들었다.

그런데 재미있게도 원숭이와 침팬지와 같은 영장류를 관찰함으로써 여성들의 어울림이 어떻게 진화했는지 짐작할 수 있다. 원숭이들은 털 고르기를 하며 유대관계를 만들어 간다. 털 고르기를 주고받지 않는 것은 거부를 나타낸다. 털 고르기는 상대방을 깨끗이 하고 예쁘게 만들어 줄 뿐 아니라 위로를 하고 마음을 안정시키는 행위이다. 여기서 여성들의 수다는 원숭이의 털 고르기와 같이 서로 어울리는 수단이 된다.

그런데 여기서 보통 '수다스러움'이라고 하는 여성들의 특징이 바로 영업하기에 좋은 조건이 된다. 영업에서 좋은 성과를 내는 사람들은 한결같이 다른 사람의 말을 잘 들어준다. 다른 사람과 어울리며 그들의 근심이나 걱정거리를 내 일처럼 걱정하고, 스트레스를 해소하도록 도움을 주는 사람이 좋은 성과를 내고 있는 것이다.

3) 마음을 읽는 능력

그렇다면 다른 사람을 잘 보살피고 다른 사람들과 잘 어울리려면 무엇이 필요할까? 그리고 무엇이 가장 중요할까? 답은 분명하다. 다른 사람의 마음을 잘 읽어야 한다. 다른 사람의 기분이 좋은지, 나쁜지, 화났는지, 다른 사람이 원하는 것이 무엇인지를 잘 알아야 보살피고 어울리는 데 유리하기 때문이다. 여성은 이러한 능력을 타고났다. 후천적으로 갈고 닦은 것이 아니라 오랜 세월 동안 이 능력이 진화하여 지금 여성의 유전자에 담겨 있는 것이다.

최근에 밝혀지고 있는 거울신경세포는 인간이 공감하는 동물임을 잘 증명하고 있다. 텔레비전이나 영화에서 사람을 죽이는 장면이나 교통사고 등과 같은 끔찍한 장면이 나오면 자신도 모르게 얼굴을 찡그릴 때가 있다. 안타까운 사연이 나오면 자신의 표정도 안타까운 표정을 짓고, 웃는 장면이나 재미있는 장면이 나오면 자신의 표정도 그렇게 된다.

또한 축구경기를 보다가 나도 모르게 "슛! 슛!" 하며 발이 올라가는 것 등이 모두 거울신경세포가 하는 일이다. 친구의 안타까운 사연을 들었을 때나 주변 사람의 힘든 이야기를 전해 들었을 때 "쯧쯧"이라며 혀를 차는 것도 마찬가지다. 이런 반사적인 모든 행동들을 '정서적 전염'이라고 하는데, 이는 무의식적으로 일어나는 행동이다.

이런 '거울현상'은 평범한 일상에서도 자주 찾아볼 수 있다. 사랑하거나 좋아하는 사람끼리 테이블에 앉아 대화하는 모습을 눈여겨 관찰한 적이 있는가. 자신도 모르게 두 사람이 상대방의 자세나 행동을 따라하는 것을 알 수 있을 것이다. 한 사람이 턱을 괴면 상대방도 턱을 괴고, 다리를 꼬면 같이 다리를 꼬고, 하품을 하면 따라서 하품을 하는 이런 행동들은 무의식적으로 일어나는데, 모두 거울신경세포가 하는 일들이다.

이처럼 거울신경세포는 인간 대 인간의 감정이입에 중요한 역할을 한다. 어느 조직이 잘 되느냐, 잘 되지 않느냐는 조직 구성원 간의 감정이입에 의해 좌우된다. 가정불화가 심하다면 가족 간에 감정이입이 안 되는 것이라고 할 수 있다. 서로 감정이입이 안 되어 공감지수가 떨어지면 어느 조직이든 원만하지 않게 된다. 개인이 사회에게 공감을 얻지 못하면 소외당한다고 생각하는 것과 같은 이치다.

그런데 이는 정신적으로 문제를 일으킬 뿐만 아니라 몸에도 안 좋은 영향을 미친다. 학자들의 연구에 따르면, 개인이 관심과 사랑을 받으면 몸속에서 고통을 완화시키는 도파민이나 옥시토신 같은 호르몬이 분비된다고 한다. 그리고 인간은 상대에게 충분히 공감을 얻지 못하면 불안감 등을 느껴 정상적인 사회생활을 할 수 없다고 한다.

따라서 영업인에게는 이런 공감능력이 있어야 한다. 하지만 공감능력은 남성보다는 여성에게 더 발달되어 있다. 그래서 여성이 남성보다 영업에 더 어울리는 것이다. 영업은 다른 사람이 원하는 대로 해주기만 하면 누구나 성공할 수 있고 돈도 많이 벌 수 있다. 그러려면 상대방의 마음을 잘 알아야 한다. 영업은 고객의 욕구와 문제를 빨리 알아채서 이를 해결하는 일이다. 그리고 이것을 잘하는 사람이 탁월한 성과를 올린다.

그런데 여성은 이 능력을 타고났으니 얼마나 유리하겠는가. 많은 학자들이 여성의 직감에 대해 말하지 않는가. 다른 사람의 '마음을 읽는 능력'이 없다면 '보살피는 능력'이나 '어울리는 능력'을 제대로 발휘할 수 없다. 그렇게 보자면 여성은 '보살피는 능력', '어울리는 능력', '마음을 읽는 능력'을 타고났기 때문에 영업을 할 때 남성보다 훨씬 유리한 위치에 있다고 할 수 있다.

2 영업은 수입과 승진이 공정하다

남성이나 여성 대부분이 20대에 직장생활을 처음 시작한다. 그러나 여성들은 몇 년 일하다 결혼과 함께 회사를 그만둔다. 회사 입장에서 보면 일을 가르쳐 써먹을만 하니까 그만두는 것이다. 그러다 보니 회사에서는 여성들에게 중요한 직책이나 직무를 맡기지 않으려고 한다. 여성들이 주로 차 심부름, 사무실 정리정돈, 서류 정리, 복사 같은 간단하고 쉬운 일을 맡는 이유가 바로 여기에 있다. 반대로 남성들은 중요한 직책을 맡고 중요한 일을 한다. 당연히 승진도 우선이고 보수도 높다. 남성은 가장이라 가족을 책임져야 한다는 생각이 이러한 현상을 당연히 여기도록 부추겼다.

삼성경제연구소의 〈워킹맘 보고서〉는 여성들이 남성에 비해 얼마나 불이익을 받고 있는지 잘 보여주고 있다. 워킹맘working mom, 일하는 엄마을 대상으로 설문 조사를 한 결과, 이들이 직장생활에서 가장 힘들어 하는 것이 임신과 출산으로 인해 승진에서 불이익을 당하고, 중요 업무에서 배제되는 것(42.4%,복수 응답)으로 나타났다. 그 다음으로 만성적인 야근과 과다한 업무(32.3%), 예측하지 못한 야근과 회식(29.9%), 남성 위주의 조직문화(26.5%)가 이어졌다.

지금은 그렇지 않지만, 과거에 여성들은 교육에서도 남성들에 비해 열세에 있었다. 불과 30~40년 전만 해도 여성들은 남성들보다 교육의 기회가 적었다. 당연히 직장에서도 뒤쳐질 수밖에 없었다. 실력도 실력이지만 학벌, 학연, 지연으로 얽혀 있는 남성 중심의 사회에서 여성들이 중요하고 높은 직책을 맡는 것은 거의 불가능했다.

그렇다면 그런 현상이 지금은 많이 바뀌었을까? 현재 우리나라 공무원의 수는 약 94만 5천 명 정도로 이 가운데 여성 공무원이 전체의 40.7%를 차지한다. 20대는 무려 70%나 된다. 그런데 3급 이상 고위 공무원은 고작 3.1%다. 이런 현상은 기업에서도 마찬가지다. 여성 근로자의 비율은 41.5%인데 비해 임원급 관리자는 4.9%다. 100대 기업에서 여성 임원은 고작 2%에 지나지 않는다.

그러나 영업은 여성이라고 해서 차별을 하지 않는다. 학벌도 필요 없다. 지연, 학연, 혈연 모두 필요 없다. 오직 능력만 있으면 된다. 영업은 오직 매출과 증원으로 승부하기 때문이다. 그래서 영업은 공정하다. 여성들이 승진과 보수에서 불이익을 당하는 이유 중 하나는 가정 때문이다. 하지만 영업은 가정을 돌보며 할 수 있는 일 중 하나다.

몇몇 자기계발서에서는 남편과 아이들에게 희생하는 여성을 마치 시대에 뒤떨어지고, 모자라고, 불쌍한 것으로 나타내 더 이상 그렇게 살면 안 된다고 부추긴다. 그러나 남편과 자식을 보살피는 것은 여성의 본능이고, 여성은 그로 인해 행복을 느낀다. 그 행복을 버리라니 말도 안 된다. 영업은 가정을 돌보며 할 수 있는 아주 매력적인 직업이다. 사업이나 직장에서는 성공했지만, 가정에서 실패한다면 행복한 성공이라고 할 수 없지 않겠는가.

3 지금 시작해도 빠르다

〈시니어타임즈〉 2006년 11월호에는 70대에 화장품 방문판매기업의 지점장이 된 김규자 씨에 관한 이야기가 나온다.

"나이가 들어도 아름다워지고 싶은 것은 여자의 본능 아닌가요? 일도 하면서 나 자신을 꾸밀 수 있는 이 직업의 매력에 푹 빠져 있어요."

70대 할머니가 방문판매를 하는 화장품 회사의 지점장 자리에 당당히 올랐다. 1999년 환갑을 훌쩍 넘어 화진화장품에 입사한 김규자 씨는 입사 6년 만인 올 10월 인천지점에서 직원 70~80명을 거느리는 자리에 올랐다. 70세라고는 도저히 믿기 어려울 정도로 젊음을 유지한 김 지점장은 열정과 의지가 넘쳤다.

"이렇게 지점장 자리에 오르게 된 것은 우연이 아닙니다. 입사 당시에도 고령이라는 불리한 조건을 극복하기 위해 젊은 사람들보다도 몇십 배는 더 뛰었으니까요. 일단 많은 사람들에게 제품을 알리기 위해 하루 30~40명은 꼭 만나려고 했습니다. 지하철과 버스를 갈아타며 시내 곳곳을 누볐죠."

무슨 일이든 새로운 일을 시작할 때 가장 걱정하는 것은 나이다. 그런데 나이라는 게 참 묘해서 70살이 넘었어도 젊다고 생각하는 사람이 있는가 하면, 30대 중반만 되도 나이 때문에 망설이는 사람이 있다. 무슨 일을 새로 시작하건 늦은 때는 없다.

그렇다고 해서 전업주부들이 학교를 갓 졸업한 사람처럼 취업을 할 수는 없다. 또한 내 사업을 하려면 만만치 않은 돈이 들어간다. 이렇게 저렇게 생각하면 마땅한 것이 하나도 없다. 하지만 영업은 모든 것에 구애를 받지 않는다.

영업은 나이를 묻지 않는다. 영업은 학력도 묻지 않는다. 보증금이나 권리금도 필요 없다. 영업에서 가장 필요한 것은 여성들 유전자 속에 수만 년 전부터 진화해 온 '보살피는 능력'과 '어울리는 능력'과 '마음을 읽는 능력' 뿐이다. 이 세 가지가 지금 여성들 몸속에 있지 않은가. 여성은 영업을 위해 타고났다.

그런데 뭐가 두려운가. 몸속 유전자에 있는 능력을 꺼내서 쓰기만 하면 된다. 중요한 것은 아무리 타고난 능력이라고 해도 갈고닦는 것은 필요하다는 점이다. 노력이 필요한 이유가 여기에 있다. 천재적인 능력을 타고났다고 해도 노력하지 않으면, 그 능력은 아무런 가치를 발휘할 수 없다. 그러니 여성들은 타고난 능력을 갈고닦기만 하면 남성보다 훨씬 탁월한 성과를 낼 수 있다.

세 가지 타고난 본능에 여성들은 한 가지만 보태면 된다. 영업에 필요한 기술과 지식이다. 어떤 일이든 기술이 없으면 어렵다. 그러나 기술과 방법만 알고 나면 쉽다. 영업도 필요한 기술을 알고 나면 전혀 어렵지 않다. 두려움을 가질 필요가 없다. 배운 대로 하면 된다.

영업에는 무한한 세계가 있다. 영업으로 당신이 원하는 모든 것을 얻을 수 있다. 가정을 지키며 소득을 얻을 수 있고, 나이가 들고 경력이 쌓일수록 퇴출되는 것이 아니라 더욱 환영받을 수 있다.

거절을
지렛대로 삼아라

거절을 극복할 수 있어야 성공한다고 하지만 그것도 한두 번이다. 영업에서 판매를 하는 데 성공하는 것과 거절을 당하는 것은 하늘과 땅 차이다. 이것은 단지 수입을 올리느냐, 못 올리느냐를 넘어 정신적 측면까지 영향을 미친다.

거절을 많이 당하면 영업인들은 대개 학습된 무기력증에 빠진다. 첫 번째 방문에서 거절을 당하고, 두 번째 방문에서 거절을 당하고, 세 번째, 네 번째 계속 거절을 당하면 다음번에도 거절을 당할 게 분명한데 '무엇 때문에 방문하나? 그냥 놀자'라는 생각이 들게 마련이다. 이게 바로 학습된 무기력증이다.

연속된 거절로 인한 학습된 무기력증에 빠져 영업을 포기하느냐 아니면 용기를 내어 다음 집을 방문하느냐는 거절을 대하는 영업인의 태도에 달려 있다. 거절을 부정적으로 보느냐, 긍정적으로 보느냐의 차이다. 탁월한 영업인들은 거절을 즐긴다. 거절을 성공으로 가는 징검다리 정도로 생각한다.

그러므로 성공한 영업인이 거절을 어떻게 대하며, 어떻게 그 순간을 극복했는지 알아보는 것은 영업을 처음 시작하거나 수많은 거절로 상처받아 절망하고 있는 영업인들에게 많은 도움이 된다. 탁월한 영업인들은 거절을 실패로 보지 않으며, 학습의 기회로 여긴다. 실패를 학습의 기회로 삼는 사고방식은 영업인들뿐 아니라 어느 분야에서든 성공한 사람들이 갖는 기본 태도다.

발명왕 에디슨이 전구를 만든 사례는 이것을 설명하는데 가장 적절한 예가 될 것이다. 에디슨이 전구를 만들 때 가장 힘들었던 것은 필라멘트를 만드는 일이었다. 에디슨은 이것을 만들기 위해 무려 천여 번 넘게 실험을 했지만, 전구를 만들 수 없었다. 그리고 마침내 실패를 극복하고 전구를 만들었을 때, 사람들은 천여 번을 실패했을 때의 기분을 물었다. 에디슨은 말했다.

"나는 천여 번을 실패하지 않았어요. 필라멘트가 작동하지 않는 천여 가지 방식을 배웠을 뿐이죠."

이처럼 실패를 실패로 생각하지 않는 에디슨의 정신력을 영업인들도 배워야 한다. 영업인은 현장에서 수없이 많은 거절을 경험한다. 이럴 때는 거절을 실패가 아니라 새로운 영업 기술을 배울 수 있는 학습의 기회로 삼아야 한다.

뒤에서 다시 말하겠지만, 그래서 활동일지를 기록하는 것이 중요하다. 활동일지에 그날의 아쉬웠던 순간을 적는 것이다. 당신도 상담에 실패했을 때 '고객에게 이렇게 설명했으면 좋았을 텐데', '고객에게 이렇게 못한 것이 후회되네'라는 순간이 참 많았을 것이다. 이때 후회만 하지 말고 새로운 영업 기술을 배우고, 고객의 성격과 구매 심리를 파악하는 좋은 기회로 삼는다면 거절은 자신을 발전시킬 수 있는 좋은 기회가 될 것이다.

예를 하나 더 들겠다. KFC의 설립자 커넬 샌더스는 닭고기 조리법을 가지고 2년 동안 1,000곳이 넘는 음식점을 찾아다녔다. 하지만 모두 거절을 당했다. 결국 1,010번째 시도에서 옛 친구의 레스토랑과 계약을 할 수 있었다. 전설적인 홈런왕 베이브 루스는 평생 714개의 홈런을 쳤지만, 그 두 배에 가까운 1,330번의 삼진아웃을 당했다. 실패를 두려워했다면 불가능한 기록이었다.

두 번째 태도는 영업활동 전반을 하나의 게임으로 보는 것이다. 즉 영업의 모든 과정을 게임처럼 생각하며 즐겨야 한다. 야구선수 가운데 타율이 3할을 넘으면 우리는 실력 있는 타자로 인정한다. 타율 3할이라는 게 뭔가. 타석에 10번 들어서서 7번 실패하고 단지 3번 성공한 것이다.

미국의 메이저리그에서 활동 중인 일본인 타자 스즈키 이치로는 10년 연속 200안타라는 대기록을 세웠다. 이 기록은 메이저리그 역사상 처음이다. 그만큼 대단하다. 하지만 그도 10번 타석에 들어서서 평균 3~4개의 안타를 쳤을 뿐이다. 그는 지난 10년 동안 총 2,230개의 안타를 쳤다. 평균 타율 3할 3푼 1리다. 이는 총 6,737번 타석에 들어가서 4,507번 실패하고 2,230번 성공했다는 얘기다. 실패가 두 배 이상 많다.

영업도 확률게임이다. 어떻게 모든 고객에게 팔 수 있겠는가. 앞에서 말한 홈런왕 베이브 루스는 영업인에게 한 가지 교훈을 더 주고 있다. "당신은 극심한 슬럼프에 빠졌을 때 어떻게 합니까?"라는 질문을 받았을 때, 그는 이렇게 답했다.

"나는 그 자리에서 계속 배팅을 합니다. 나는 베팅을 계속하면, 다른 사람에게 적용되는 평균율 법칙이 나에게도 적용될 것이라는 것을 알고 있습니다. 한 게임에서 두 번이나 세 번 스트라이크 아웃을 당하거나 일주일 내내 안타를 치지 못한다고 해서, 왜 걱정을 해야 합니까? 걱정은 투수들이 하는 거죠. 그들은 머지않아 시련을 맞을 테니까 말이죠."

이런 흔들림 없는 자세를 영업인들도 유지해야 한다. 영업은 야구선수만큼이나 실패가 많다. 축구선수의 슈팅처럼 골문을 벗어날 때도 많다. 그렇게 봤을 때《한국의 영업왕 열전》에 나오는 보험왕 이경은 씨의 고백은 거절에 절망하는 영업인들에게 좋은 본보기가 된다.

"보험업계에서 저만큼 많이 돌아다닌 사람은 아마 없을 거예요. 그러다 보니 저보다 거절을 많이 당한 사람도 없을 테지요. 하루에 대략 서른 군데를 방문하거든요. 그러면 평균 세 곳 정도를 건지게 됩니다. 하루에 스물일곱 번 거절을 당하게 되는 것이지요. 게다가 건졌다고 해도 그것이 모두 계약으로 바로 이어지는 것은 아닙니다. 그 3건이란 결국 계약 가능성이 있는 3곳을 말하는 것입니다."

이경은 씨는 처음 영업을 시작할 때는 확신이 별로 없었다. 그래서 그녀는 딱 3개월 정도 열심히 일한 후 안 되면 미련 없이 떠나겠노라고 마음먹었다. 3개월 동안 명함 1,500장을 뿌렸다. 하루 평균 10명 꼴로 새로운 사람을 만나러 다녔다. 2달 후부터 계약이 쏟아졌고, 신인상을 수상했다.

유니베라 수지대리점의 김순열 부장이 처음 영업을 시작했을 때 겪었던 일도 거절을 어떻게 대해야 하는지 잘 보여주고 있다. 김 부장이 어느 식당에 들어가서 자신을 소개한 후 전단지를 나눠주고, 그곳에서 일하는 직원들의 귀를 보며 건강상태를 이야기하고 있었다. 그러자 옆에서 지켜보던 식당 주인이 대뜸 "당신이 의사야? 자격증 있어? 당장 나가요!"라고 하더란다.

처음 영업을 시작해 모든 것이 어색하고, 고객을 만나는 두려움도 크며, 더구나 이혈요법도 배운지 얼마 안 되어 어설프게 알고 있어 정신이 하나도 없는데 이런 일을 당했으니 얼마나 당황을 했겠는가. 그러나 김 부장은 당당히 이야기하고 나왔다고 한다. "사장님 다음에 또 오겠습니다!"라고 말이다. 이런 자세가 게임에 임하는 탁월한 영업인의 자세다.

삼진아웃을 당한 야구선수는 기분 나쁘고 수치스러워도 다음 타석에 들어서야 한다. 지난 번 타석에서 삼진아웃 당한 것을 마음에 두고 타석에 들어가봤자 삼진아웃을 또 당한다. 방금 전의 것은 잊고 새로운 마음으로, 이번에는 안타를 치겠다는 마음으로 타석에 들어서야 성공할 수 있다.

영업도 마찬가지다. 판매에 실패했을 때 그 원인을 따져 보고, 부족한 영업 기술이 무엇인지 찾아내어 다듬는 여유를 가져야 한다. 영업은 게임처럼 이길 때도 있고 질 때도 있다는 것을 담담히 받아들인다면 거절을 당했을 때 결코 절망하지 않을 것이다.

2장

고객의 마음을 여는 법

01 끌리는 첫인상을 디자인하라 | 02 마음의 빗장, 칭찬으로 열어라 | 03 이심전심, 공감대를 형성하라

SALES MENTORING

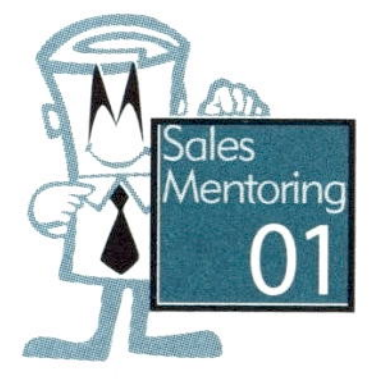

끌리는 첫인상을
디자인하라

당신은 혹시 집을 사거나 판 적이 있는가? 똑같은 집이라도 가구가 어떻게 놓여 있느냐에 따라 넓어 보이기도 하고 좁아 보이기도 한다. 집을 사기 위해 구경을 갔는데, 벽지가 여기저기 뜯어져 있거나 색이 바래 집안이 지저분하다면 당신은 그 집을 사고 싶지 않을 것이다. 집의 구조나 편리성과는 상관없이 첫인상이 좋지 않기 때문이다. 따라서 제값을 받고 집을 팔려면 도배도 하고, 필요 없는 가구나 짐들을 잘 정리해서 집안이 깨끗하고 넓다는 인상을 주어야 한다.

우리 대부분은 사람을 외모로 판단한다. 말이 안 된다고 생각하거나 그것이 잘못된 것이라고 주장할지 모르지만 사실이다. 그러니까 사람이다. 사람을 외모로 판단하지 말라고 하지만, 그럼 도대체 무엇으로 판단하란 말인가. 속은 보이지 않고 외모는 보이는데 말이다.

'꼴값한다', '생긴대로 논다'라는 말은 외모와 속이 그렇게 차이나지 않는다는 것을 뜻한다. 게을러 보이는 사람은 진짜 게으르고, 성질이 있어 보이는 사람은 진짜 성질이 있다는 사실은 인생을 살만큼 살아본 사람이라면 누구나 인정할 것이다.

사람은 첫인상이 좋은 사람에게 끌리게 마련이다. 이것은 여러 학자들의 연구 결과가 증명하고 있는 사실이다. 한 보고서에 따르면, 잘 생긴 사람이 받는 보수가 보통 사람보다 12~14%가량 많았으며 못 생긴 사람들은 보통 사람에 비해 9%가량 적었다고 한다.

또한 심리학자 레인겐과 케르난의 실험은 첫인상이 왜 중요한지 잘 보여주고 있다. 그들은 외모의 호감도에 따라 구성된 실험자들로 하여금 수백 명을 대상으로 자선단체에 기부를 요청하는 실험을 하도록 했다. 그 결과, 매력 있는 실험자는 40% 이상 기부를 얻어낸 반면, 매력 없는 실험자는 그 절반밖에 얻어내지 못했다고 한다. 이런 심리학자들의 실험 결과를 바탕으로 생각을 해보면, 영업인이 고객을 만나러 갔을 때 첫인상이 좋으면 판매할 확률이 그만큼 올라간다는 것을 의미한다.

그러면 고객들은 무엇으로 첫인상이 '좋다', '나쁘다'를 결정할까? 어떤 고객은 표정, 어떤 고객은 옷, 어떤 고객은 말씨를 보고 결정할 것이다. 물론 목소리, 성격, 태도가 첫인상을 결정하는 요인이 될 수도 있다. 고객마다 더 중요하게 생각하는 게 있고 당연히 그것이 더 크게 보여 첫인상을 결정하는 요인이 된다. 표정을 중시하는 고객이라면 표정으로 영업인의 모든 것을 판단할 것이다.

첫인상은 콘크리트와 같다. 콘크리트처럼 금방 굳어 버리고, 한 번 굳은 콘크리트가 쉽게 깨지지 않듯이 한 번 새겨진 첫인상도 쉽게 바뀌지 않는다. 첫인상에는 두 번의 기회란 없다. 한 번의 실수로 고객의 마음을 영영 닫게 할 수도 있는 것이다.

그래서 고객의 마음을 여는 첫 번째 열쇠가 첫인상이다. 그러면 첫인상은 언제 결정될까? 첫인상이 좋은지 안 좋은지는 우리의 뇌에서 아주 순간적으로 결정된다. 사람의 뇌를 기능성 자기공명 영상장치로 촬영하는 실험을 했던 고려대 심리학과 김학진 교수는 동아일보와의 인터뷰에서 "처음 만나는 사람과 인사를 나누는 짧은 순간 자신도 모르게 상대방에 대한 호감·비호감이 이미 결정된 상태"라고 말했다.

그러므로 고객을 처음 만나는 순간 고객은 이미 영업인이 '좋다'와 '나쁘다'를 판단하고 있는 것이다. 옷을 대충 입고, 수염을 기르고, 슬리퍼를 신고, 고객을 만나면서 아무리 당신이 진실하고 정직한 영업인이라고 주장한들 이를 믿는 고객은 한 명도 없다. 이미 고객의 머릿속에 비호감으로 결정되었기 때문이다.

그렇다면 고객에게 첫인상을 주는 것에는 어떤 것이 있을까. 이에 대해 자세히 알아보도록 하자.

# 1 외모

영업인의 첫인상을 결정하는 첫 번째 요소는 외모다. 그러므로 영

업인의 실적은 외모에 따라 크게 좌우된다. 즉 외모에서 풍기는 이미지가 좋으면 큰 혜택을 얻을 수 있고 나쁘면 손해를 볼 수 있는 것이다. 따라서 당신의 외모가 매력적이지 않다면 매력적으로 보이는 방법을 배워야 한다.

훤칠한 키, 예쁘거나 잘생긴 얼굴, 균형 잡힌 몸매를 타고났다면 인생을 살아가는 데 있어 여러모로 유리하다. 잘 생긴 사람은 능력도 많고, 머리도 좋고, 착할 것이라 생각하는 것을 '외모의 후광효과'라고 하는데, 성형외과가 성행하는 것은 바로 이 후광효과 때문이다.

외모가 매력적인 교수는 학생들한테 좋은 강의 평가를 받고, 외모가 멋있는 변호사들이 많은 고객을 끌어들이는 덕분에 월급을 더 많이 받는다는 조사 결과는 외모의 중요성을 잘 보여준다고 하겠다. 이처럼 영업을 하는 사람에게도 좋은 외모는 고객의 호감을 얻는 데 중요하다. 여성이건 남성이건 좋은 외모를 갖고 있는 사람에게 끌리는 것은 어쩔 수 없기 때문이다.

그렇다면 고객에게 호감을 주는 외모란 어떤 것일까? 외모의 많은 부분은 사실 타고나지만, 아무리 잘난 외모라도 고객에게 호감을 주기 위해 가꾸는 것은 필요하다. 특히 가장 먼저 신경을 써야 하는 것은 옷차림이다. 사람들은 옷 입은 것을 통해 상대방의 직업이나 사회적 위치를 추측한다. 아울러 믿을 만한 사람인지 그렇지 않은지도 판단한다. 다음의 기사는 우리나라에서 복장이 첫인상에 얼마나 중요한 영향을 끼치는지 단적으로 보여주고 있다.

영업인은 일에 따라 옷차림이 달라야 한다. 또한 상황에 맞게 옷을 입어야 하고, 만나는 사람에 따라 다른 옷을 입어야 한다. 하지만 전체적으로 보수적이어야 한다. 여성이라면 특히 그렇다. 야하거나 노출이 많은 복장은 고객의 시선을 받을 수 있을지는 몰라도 호감을 주지는 못한다. 따라서 어깨나 배꼽이 드러나는 옷, 가슴골이 살짝 보이는 옷이나 지나치게 짧은 치마는 입지 말아야 한다.

치마는 약간 긴 것이 좋다. 치마의 끝이 다리의 가장 가는 부분에 닿은 것이 가장 예쁘다. 종아리와 무릎의 경계선이 가장 우아한 곡선을 이루기 때문이다. 일자 치마는 무릎을 덮는 정도가 좋다. 스커트의 무늬가 너무 요란한 것은 전문적인 이미지와 거리가 멀다. 폭이 너무 좁은 치마도 좋지 않다.

액세서리는 한 가지를 해도 값이 나가는 것을 하되 지나치게 크거나 현란하면 오히려 역효과가 난다. 액세서리가 싸구려라는 인상을 받으면 영업인도 형편없고, 취급하는 제품도 싸구려로 품질이 떨어질 것이라고 여겨진다. 커서 안 좋은 것은 핸드백도 마찬가지다. 가방은 적당한 크기에 안은 잘 정돈되어 있어야 한다.

화장은 자연미가 돋보이고 엷은 것이 좋다. 짙은 화장은 영업에 도움이 되지 않는다. 그리고 머리 모양도 단정해야 한다. 요란스러운 머리 모양으로는 고객의 호감을 얻을 수 없다. 성공한 사람들의 머리카락이 한결같이 짧았다는 사실을 명심하라. 또한 영업을 하는 여성은 굽이 아예 없거나 너무 높은 신발은 피하고, 적당한 높이의 힐을 신어야 한다. 잘 관리하지 않은 신발은 부정적인 인상을 줄 수 있다.

남성이라면 턱수염과 코털 정리를 잘해야 한다. 지저분하면 첫인상이 좋지 않다. 머리도 길면 좋지 않다. 머리는 깨끗하고 단정하게 손질하고 비듬이 떨어지는지 늘 확인해야 한다. 머리를 바짝 세운다거나 뒤로 넘기는 일명 올백머리는 고객에게 호감을 주기 어렵다. 단정해야 고객에게 호감을 줄 수 있다.

바지는 발등에 닿을 정도여야 한다. 끌리거나 양말이 보일 정도로 짧지 않아야 한다. 남성에게 시계나 반지 외에 귀걸이, 목걸이, 팔찌 같은 액세서리는 금물이다. 남성이 마음을 가장 많이 써야 하는 것은 넥타이다. 훌륭한 넥타이를 매는 것은 아주 중요하다. 남성의 복장에 대해 더 많은 것을 알고 싶은 영업인은 존 티. 몰로이가 쓴 《성공하는 남자들의 옷차림》을 참고하기 바란다.

여성이건 남성이건 고객의 시선이 화장이나 액세서리에 먼저 가는 것은 잘못된 것이다. 친근한 인상을 주는 옷차림이 영업인에게는 맞다. 여성이건 남성이건 표준 체중보다 20% 이상 나가면, 고객에게 신뢰를 줄 수 없다. 좋은 몸매는 영업에 유리하다.

아울러 정장이나 코트를 입었다면 바깥 주머니에는 아무것도 넣지 말아야 한다. 휴대전화, 자동차 열쇠, 손지갑 등은 모두 가방에 넣고 고객을 만나라. 외모는 전체적으로 평범하고 눈에 잘 안 띄는 보수적인 모습이 유리하다. 개성 있는 외모는 고객에게 주목을 받을 수는 있겠지만, 영업에는 불리하다. 영업인은 고객의 시선만 사로잡을 게 아니라 마음을 사로잡아야 한다.

2 표정

"27살 때 학교를 마치고 세일즈에 뛰어들었어요. 솔직히 처음부터 잘될 리 있었겠습니까? 모든 게 어색하고 쭈뼛쭈뼛……. 안 되겠다 싶어 먼저 설명을 요령 있게 할 수 있는 일종의 매뉴얼을 만든 다음 반복해서 숙달했어요. 동시에 매일 30분씩 거울 앞에 서서 신뢰감을 줄 수 있는 얼굴을 만들기 위해 수도 없이 표정 연습을 했지요. 몇 달을 하고 나니 자연스럽게 내 얼굴에 밝은 인상이 생겨났어요. 신기하게도 그때부터 물건이 날개 돋친 듯 팔렸습니다" 출처_ 조선일보

이는 웅진그룹 윤석금 회장이 한 말이다. 인상이 좋아진 덕분에 영업을 시작한 첫해에 세계 1등을 했다고 한다. 그 후 윤석금 회장은 영업 분야에서 승승장구를 하여 연매출 3조 원에 육박하는 그룹을 일궜다. 밝은 인상이 큰 역할을 했음은 두말 할 나위가 없다.

영업인이라면 한 번쯤 길에서 지나가는 사람에게 홍보 전단지를 나눠준 경험이 있을 것이다. 받아가는 사람이 더 많지만, 가끔 귀찮다는 표정으로 받지 않는 사람도 있다. 그런 사람들의 표정에는 공통점이 있다. 차갑다, 거만하다, 도도하다, 심술궂다, 잘난 척한다는 느낌이 그것이다. 만약 영업인이 이런 표정을 짓는다면 어떨까. 제품에 대해 말을 꺼내기도 전에 고객은 마음의 문을 닫아 버릴 것이다.

좋은 표정은 타고나는 것이 아니라 만들어진다. 연습으로 가능하다. 가장 먼저 할 일은 책상이나 식탁 등 평소 자주 있는 곳에 탁상용 거울 하나씩을 놓는 것이다. 그리고 거울을 보며 웃는 연습을 해보자. 이런저런 표정을 짓다 보면 멋있어 보이는, 고객에게 호감을 줄 수 있는 자신만의 표정을 찾을 수 있다.

그러면 그 표정을 집중적으로 연습하면 된다. 양치질을 할 때 거울을 보며 연습할 수도 있고, 화장실에서 할 수도 있다. 양쪽 볼이 얼얼해질 때까지 반복하다 보면 그 표정을 외울 수 있게 되고 어느 순간부터 자신도 모르게 그 표정이 지어진다. 그리고 속상한 순간에도, 기분 나쁜 일이 생겼을 때도 그 표정을 짓게 된다.

그런데 놀라운 것은 웃는 표정을 지을수록 기분이 안정되고 마음이 편안해진다는 사실이다. 좋은 표정을 결정짓는 것은 눈, 코, 입인데, 웃는 연습을 하다 보면 이들의 모양이 바뀌어 좋은 인상을 갖게 된다. 즉 콧방울이 탄력 있게 발달하고, 코와 윗입술 사이가 두툼해진다. 광대뼈가 발달하고, 입꼬리가 올라가는데 인상학 분야를 개척한 주선희 씨에 따르면 이런 얼굴은 재복과 명예가 있는 상이다. "웃으면 복이 온다"는 말이 사실인 듯 싶다.

하지만 당신이 매력적인 외모가 아니더라도 실망할 필요가 없다. 한 연구에 따르면, 자주 방문하여 얼굴을 자주 보여줄수록 더욱 매력적으로 보인다고 한다. 게다가 생김새야 고치려면 많은 비용이 들지만, 표정은 자신의 노력으로 얼마든지 고칠 수 있다.

뇌 과학자들이 밝혀낸 거울신경세포는 영업인들이 왜 미소를 지으며 밝은 표정으로 고객을 만나야 하는지 그 증거를 보여주고 있다. 우리는 텔레비전이나 영화에서 잔혹한 장면이 나오면 얼굴을 찡그리게 된다. 반면 웃는 얼굴이나 재미있는 표정을 보면 얼굴에 미소를 짓는다. 이것을 가능하게 하는 것이 우리 뇌 속에 있는 거울신경세포다. 이것 때문에 영업인이 미소를 띠고 활기찬 모습을 보여줄 때 고객도 미소를 띠는 것이다.

영업을 처음 시작하면 마음에 상처를 입기 싶다. 자존심 상하는 일을 겪었을 때, 까다로운 고객을 만났을 때, 이해할 수 없는 고객 때문에 속상할 때 다음에 소개할 조선일보에 실린 은은한 미소 7단계는 큰 도움이 될 것이다. 거울을 보며 연습한 자신만의 멋진 표정을 만들어 보라. 마음속의 분노와 속상함이 사라질 것이다.

〰 은은한 미소 7단계

01. 아침에 처음 일어날 때 | 눈을 뜰 때 '미소'를 떠올릴 수 있는 어떤 것을 정한다. 침대에서 일어나기 전에 이런 시간을 몇 초 동안 가진다. 부드럽게 숨을 세 번 정도 들이마시고 내쉰다.

02. 자유로운 시간이 주어질 때 | 당신이 앉아 있든 서 있든, 어디에서든 은은한 미소를 짓는다. 그리곤 조용히 3회 동안 숨을 들이마시고 내쉰다.

03. 음악을 듣는 동안 | 하루에 음악 한 곡을 2~3분 정도 듣는다. 딴 생각에 빠지지 말고 듣고 있는 음악의 가사, 운율, 리듬, 감정에 집중한다. 자신이 숨을 들이마시고 내쉬는 것을 관찰하면서 은은한 미소를 짓는다.

04. 신경질이 날 때 | '지금 신경질이 나 있다'는 생각이 들 때마다 은은한 미소를 짓는다. 그러면서 조용히 숨을 들이마시고 내쉬는 것을 3회 동안 한다.

05. 누울 때 | 매트리스나 베개가 없는 평평한 곳에 등을 대고 눕는다. 두 팔을 느슨하게 내려놓고 두 다리는 약간 벌리고 은은한 미소를 짓는다. 이것을 15번 지속한다.

06. 앉은 자세에서 | 등을 꼿꼿이 하고 바닥에 앉거나 의자에 앉아 은은한 미소를 지으며 숨을 들이마시고 내쉰다.

07. 미워하거나 경멸하는 사람을 생각하는 동안 | 먼저 조용히 앉아 은은한 미소를 짓는다. 그리고 자신을 가장 괴롭게 했던 사람의 이미지를 상상한다. 자신의 가슴속에 그 사람에 대한 공감이 솟고 분노와 원한이 점차 사라질 때까지 은은한 미소를 계속 짓는다.

당신은 자신의 목소리를 녹음해 들어본 적이 있는가? 어땠는가? 아직 당신의 목소리를 들어보지 못했다면 녹음해서 한 번 들어보라. 그리고 나서 자신의 목소리가 주는 느낌을 객관적으로 평가해보라. 비음이 섞여 있는지, 힘이 없는지, 신경질적인지, 기어들어가는 목소리인지 들어보라. 스스로 자신의 목소리에 매력을 느끼지 못한다면, 목소리를 고치려고 노력해야 한다.

중국 당나라 때는 관리가 되려면 네 가지 조건을 갖춰야 했다. 신언서판身言書判 이 그것이다. 신은 용모, 언은 말씨, 서는 글과 글씨, 판은 판단력을 뜻한다. 말씨는 말하는 태도나 버릇을 말하는데, 관리가 되어 백성을 다스리는 데 중요했던 모양이다.

주선희 씨는 "언어의 격으로 귀천을 읽는다"고 했다. 마음이 고귀하면 자연히 언어도 고상하게 나오고, 여유가 있게 마련이다. 기운이 강하면 느긋하면서 확실하게 말한다. 단전에서 시작되는 목소리는 몸이 건강하며 강한 운세로 여겨져 최고로 평가된다고 한다. 영업인의 말씨는 고객의 마음을 열게도 하고 닫게도 할 수 있다.

산부인과에는 여의사도 있고 남자 의사도 있다. 많은 여성들이 수치심 때문에 여의사에게만 몰릴 것 같지만, 실상은 그렇지 않다고 한다. 남자 의사들이 오히려 여의사들보다 더 친절하고, 특히 여성들이 수치심을 느끼지 않도록 많은 배려를 한다고 한다.

요즘 의사들이 친절한 언어를 배우는 이유도 그것이 병원경영에 유리할 뿐 아니라, 혹시 모를 의료사고에 대비해서라고 한다. 의료사고라는 것이 애매한 것이 많아 환자 가족들의 기분에 따라 소송을 할 수도 있고 그렇지 않을 수도 있기 때문이다. 그런데 평소 환자에게 친절한 인상을 심어준 의사들이 그렇지 않은 의사들보다 소송률이 낮다고 한다.

영업인의 언어도 친절하고 예의 바르며 정중해야 함은 당연하다. 특히 자기들 업계에서나 쓰는 어려운 전문용어나 권위적인 말투는 고객에게 좋은 첫인상을 심어줄 수 없다.《첫인상 5초의 법칙》에는 말투를 바꾸는 요령을 이렇게 설명하고 있다.

말투를 바꾸는 요령

01. '~습니다', '~입니다' 와 같이 완전한 문장을 사용하는 것이 좋다 | 말투에 단정함, 깔끔함이 묻어나려면 완전한 문장을 사용해야 한다. '~어요', '~죠'라고 하는 축약된 언어습관은 버려야 한다. 소아적인 느낌을 줄 뿐 아니라 의사소통에 혼선을 줄 수도 있기 때문이다.

02. 말을 잘하기 전에 상대방 말을 잘 듣는 연습을 하라 | 상대방의 말을 가로채거나 말이 끝나기도 전에 내가 해야 할 말을 골똘히 생각하면 즉흥적이거나 서두르는 듯한 말투가 나온다. 그러므로 상대방의 말을 들으면서 말의 내용뿐만 아니라 제스처, 표정, 눈빛, 말투 등을 통해 상대방을 관찰한다. 상대방의 시선에 주목하고 고개를 끄덕이며 맞장구를 치고, 적절한 때에 "네! 네!"와

같이 호응한다.

03. 초면에 반말을 하거나 반말을 섞어서 사용하는 습관을 버려라 ｜ 초면에 반말을 하거나 반발을 섞어서 사용하는 습관이 있다면, 좋은 첫인상을 줄 수 없다. 상대방이 아무리 연배나 지위가 낮더라도 웬만큼 가까워지기 전까지는 함부로 반말을 쓰지 않는다. 상대방은 표현은 안 하지만, 가슴속에 안 좋은 감정을 품을 수도 있다. 자신이 반말을 섞어서 사용하는 습관이 있는지는 가까운 사람에게 물어보면 바로 알 수 있다. 이런 습관은 언젠가는 큰 실수로 이어져 대가를 치러야 한다.

04. 사투리나 불명확한 발음, 더듬는 말투를 교정하라 ｜ 사투리는 특히 상담을 하는 데 있어 불리하게 작용할 때가 많다. 낯선 단어나 억양 때문에 의사전달이 명확하지 않거나 오해를 불러올 수 있기 때문이다. 사투리, 불명확한 발음, 더듬는 말투에 대한 최고의 교정책은 소리 내어 크게 낭독하는 것이다.

05. 지나치게 큰 목소리나 작은 목소리를 적절한 크기로 바꿔라 ｜ 지나치게 큰 목소리는 자신감이나 진취성과 거리가 멀다. 오히려 경박함이나 시끄러움 등으로 부정적인 영향을 준다. 가까운 지인에게 목소리 크기에 대해 물어보고 조언을 듣는다.

06. 지나치게 빠른 말투나 지나치게 느린 말투를 교정하라 ｜ 속도가 빠른 말투는 의사소통에 큰 방해가 된다. 이를 교정하려면, 책을 또박또박 천천히 낭독하는 것이 아주 효과적이다. 지나치게 느린 말투를 교정하려면, 녹음기로 자신의 말투를 확인하여 얼마나

답답한지 스스로 깨닫는 것부터 시작해야 한다.

07. 무의식적으로 자주 사용하는 언어습관을 개선하라 ㅣ '음~', '에~', '저기~', '있잖아요~'와 같은 말은 교양이 부족해 보이므로 자제하는 것이 좋다. '사실은~'의 반복은 그동안 자신이 진실이 아닌 말들을 주로 해왔다는 오해를 살 수 있다. '수고했습니다'는 윗사람이 아랫사람에게 주로 사용하는 말이다. 아랫사람이 윗사람에게 말할 때는 '애쓰셨습니다', '고생하셨습니다'라고 하는 게 좋다. '좋~겠다'라는 말은 부러움이 담긴 말이지만, 어떤 때는 비꼬는 듯이 들릴 수 있다. 그리고 말끝마다 '그렇죠?'라고 동의를 구하는 표현은 상대방을 부담스럽게 할 수도 있다.

말투와 더불어 목소리도 중요하다. 영업인의 목소리에 자신감이 묻어난다면 고객에게 신뢰를 줄 수 있다. 자기가 취급하는 제품에 자신감이 없다면 결코 고객을 설득할 수 없기 때문이다. 하지만 많은 영업인들이 상대적으로 목소리를 중요하게 여기지 않는다.

그래서 자신의 목소리를 심각하게 고민하는 사람을 찾아보기 힘들고, 목소리를 고치려고 노력하는 사람도 찾기 힘들다. 좋은 목소리는 만나서 말을 할 때는 물론 고객과 전화로 약속을 잡거나 상담을 할 때에도 안정감과 신뢰감을 준다.

영업인이라면 여유 있고 느긋하며 확실하게 말을 해야 한다. 배에서부터 끌어올리는 목소리는 맑고 정확하다. 이런 목소리를 낼 수 있다면 고객한테 좋은 첫인상을 남길 수 있다. 그래서 목소리의 영향력을 깨달은 아서 조세프는 이미 40년 전에 보컬파워vocal power라는 개념을 만들었다.

이는 정신·육체·영혼을 통합해 자신의 정체성과 일치하는 목소리를 낼 때 갖는 힘으로, 대중의 마음을 움직이고 삶을 긍정적으로 변화시키는 힘을 말한다. 그의 저서《보컬파워》에서는 이에 대해 다음과 같이 자세히 설명하고 있다.

정신적인 차원에서 볼 때, 우리의 아이디어나 의견을 목소리를 내서 표현하듯이 우리가 누구인지 나타내는 것은 '목소리'다. 우리는 목소리로 무엇을 표현하려고 할 때, 어떤 말을 하고 어떻게 표현할 것인가를 선택하고 결정한다. 왜냐하면 우리는 자신의 생각이나 감정, 해결되지 않은 심리적인 문제들을 말이나 노래로 전달하기 때문이다. 해결되지 않은 심리적인 문제들은 우리의 목소리 표현에 장애가 될 수 있다.

신체적으로 볼 때, 허파에서 나온 공기가 목 아래쪽에 있는 성대를 지나면서 진동이 생기고 그것이 발성 통로를 지나면서 나오는 것이 '목소리'다. 즉 허파에서 나오는 공기의 떨림인 것이다. 목소리는 목과 배의 근육은 물론 신체의 다른 근육들과 호흡을 사용해 만들어지는 것이다. 그렇기 때문에 긴장을 하면 소리가 제대로 나오지 않는다.

영혼의 차원에서 볼 때, 우리의 목소리는 우리 자신이 보여주는 무형의 에너지 또는 생명력이다. 이것은 우리가 생명을 유지하는 데 필요한 호흡과 같은 곳에서 나온다.

좋은 목소리가 필요한 영업인은 《보컬파워》에 나오는 목소리 훈련법을 꼭 읽어 보기를 권한다. 하루에 단 7분만 할애하면 좋은 목소리를 가질 수 있을 것이다.

4 자세와 걸음걸이

이는 스티븐 킹이 《유혹하는 글쓰기》에서 한 말이다. 무의식중에 하는 행동으로 사람을 판단할 수 있다는 뜻이다. 태도와 자세에서 어깨는 자신감을 나타낸다. 자신감과 에너지가 넘치고 자신의 분야에서 잘 나가는 사람은 어깨를 쫙 펴고 힘이 있다. 어깨가 처지면 되는 일이 없다. 영업인이 처진 어깨로 고객을 만나면 좋은 인상을 줄 수 없다. 하루 종일 뛰어다녔지만 성과가 신통치 않더라도 어깨를 펴면 다시 자신감이 생긴다.

어깨에서 이어져 내려오는 등은 우리 몸의 기둥이라고 할 수 있다. 앉아 있을 때나 서 있을 때나 걸을 때에도 어깨를 쫙 펴고 등을 곧게 세워야 미래가 밝다. 등이 구부정하면 인생이 비굴해진다. 기운 없이 몸을 축 늘어뜨린 자세로 아래를 내려다보거나 경직된 자세로 서 있거나 앉아 있는 모습도 상대방에게 부정적으로 보인다.

자세와 걸음걸이에서 몸매는 큰 비중을 차지한다. 적당한 몸매는 첫인상을 돋보이게 한다. 심리학자 울리스의 연구에 따르면, 비만인 사람은 일반적으로 게으르고 나태하다는 첫인상을 준다. 사교와 비즈니스에서 불리할 수밖에 없다.

자신감과 에너지는 걸음걸이에도 나타난다. 주선희 씨는 《얼굴경영》에서 "걸음은 성격을 반영하며, 성격이 나타난 걸음은 운에 영향을 미친다"고 했다. 가슴을 쫙 펴고 걷는 사람은 무슨 일을 하든 강한 운이 따르고 사생활도 행복하다. 가슴을 오그리고 걷는 사람은 자신감이 약하며 운기도 나약하다.

고개를 숙인 채 맥없이 터덜터덜 걷는 걸음, 어깨와 팔을 흔들며 걷는 걸음, 턱을 쳐들고 걷는 걸음, 총총걸음으로 바삐 걷는 걸음, 엉덩이를 뒤로 쑥 내밀고 걷는 걸음, 엉덩이를 좌우로 흔들며 걷는 걸음, 질질 발을 끌며 걷는 걸음, 넘어질듯 앞으로 쏠린 채 걷는 걸음, 발소리가 큰 걸음, 도둑고양이처럼 인기척 없는 걸음은 모두 나쁜 걸음이다.

영업인이라면 일부러라도 경쾌한 걸음걸이를 해야 한다. 고객을 만나러 가는 걸음이 경쾌하면 고객을 대할 때 좋은 기분으로 대할 수 있다. 멘탈워킹mental walking 이라는 말이 있다. 발걸음이 사람의 심리에 영향을 끼친다는 뜻이다.

태도와 자세, 걸음걸이에 좋지 않은 버릇이 있다면 반드시 고쳐야 한다. 버릇이 되면 너무 익숙해져서 본인은 잘 모를 수도 있다. 따라서 주변 사람에게 혹시 눈에 거슬리는 버릇이 있으면 알려달라

고 부탁하라. 하찮게 생각하는 버릇 하나 때문에 첫인상을 망칠 수
도 있다.

5 악수

　모임이나 행사에 가면 악수를 많이 한다. 이때 느낀다. 악수하는
모양도 여러 가지라는 것을. 악수는 나하고 하면서 뒤에 오는 사람
과 인사하는 사람, 손을 힘없이 살짝 잡는 사람, 손가락 끝으로 악수
하는 사람, 눈은 안 마주치고 고개 숙여 악수하는 손을 쳐다보는 사
람……. 이런 악수라면 안 하는 게 낫다. 오히려 상대방의 기분을 상
하게 할 뿐이다.
　힘없이 악수를 하는 사람들은 대개 내성적이고 자신감이 없는 사
람들이다. 이런 사람들은 상대방을 존중하지 않고 마지못해 악수한
다는 인상을 줄 수 있다. 힘없는 악수는 전체적으로 상대방에게 부정
적인 첫인상을 심어줄 수 있다.
　힘차게 악수하며 다정하게 말을 건네는 것이 가장 훌륭한 악수다.
외향적이고 개방적인 사람들은 힘차게 악수를 한다. 좋은 악수는 고
객에게 자신감과 긍정적인 인상을 심어줄 수 있다.
　여성이 자신보다 키와 덩치가 큰 남성과 악수할 때는 너무 가까이에
서지 않는 게 좋다. 악수를 할 때 몸이 흔들릴 수 있기 때문이다. 여러 가
지 자료들이 악수하는 법에 대해 알려주고 있는데, 그것들을 정리하면

영업인이 명심해야 할 악수방법은 다음의 일곱 가지라고 할 수 있다.

∽ 영업인이 명심해야 할 악수 방법 7가지

01. 지나치게 세게 잡거나 너무 힘없이 잡지 마라. 특히 악수를 하며 상대방을 끌어당기지 않도록 주의하라.

02. 두 손으로 움켜잡거나 왼손으로 상대방의 팔뚝을 잡지 마라. 한두 번 만난 사람이나 전화로 여러 차례 인사를 나눈 사이라면, 반가움을 표시하는 방법으로 내 오른손과 맞잡은 상대의 오른손을 내 왼손으로 부드럽게 감싸는 것이 좋다. 단, 처음 만나는 사람에게는 이렇게 하지 마라.

03. 상대방과 반드시 눈을 맞추고, 치아가 보일 정도로 살짝 미소를 지으며 따뜻하게 인사하라. "만나서 반갑습니다", "뵙게 되어 영광입니다"와 같은 인삿말이 좋다.

04. 두 번 이상 손을 흔들지 말고, 2~3초 이상 손을 잡고 있지 마라.

05. 손에 땀이 나서 축축하거나 너무 차가운 상태로 악수하지 마라. 손은 따뜻해야 한다.

06. 오른손에 반지를 낀 채로 악수하지 마라. 상대방에게 상처를 줄 수 있다.

07. 손끝만 잡는 악수는 하지 마라. 무성의한 사람으로 보인다. 부드럽게 손 전체를 감싸는 게 좋다.

위의 일곱 가지 악수 방법을 한 번 읽었다고 해서 다 안다고 생각하지 마라. 확실하게 몸에 배게 하는 방법은 연습뿐이다. 거울 앞에서 상대방에게 악수를 하듯이 손을 내밀어 보라. 표정은 밝은지, 눈은 상대를 보고 있는지, 미소는 띠고 있는지, 적당한 강도로 쥐었는지, 인삿말은 따뜻한지를 확인하라. 악수로 고객에게 좋은 첫인상을 심어주면 그만큼 구매 가능성도 높아진다고 생각하라. 연습하는 시간이 투자라고 생각해 확실하게 하라.

6 명함

명함은 얼굴이다. 영업인은 항상 명함을 가지고 다녀야 한다. 명함이 없는 상태로 고객을 만나면 좋은 인상을 줄 수 없다. 명함은 반드시 명함지갑에서 꺼내야 한다. 흔히 그냥 주머니에서 꺼내거나 지갑에서 명함을 꺼내는데, 이것은 실례다. 명함은 상대방이 읽기 쉬운 방향으로 전달하고, 명함을 받았으면 명함을 한 번 보고 나서 상대방의 얼굴을 확인해야 한다. 그래야 나중에 기억할 수 있다.

받은 명함을 꾸기거나 명함에 메모를 하는 것은 큰 실례다. 명함은 얼굴이다. 그런데 어떻게 얼굴에다 메모를 한단 말인가. 혹시라도 만난 사람을 쉽게 기억하기 위해 그 사람의 특징을 메모하려면 헤어진 뒤에 하라.

명함을 상급자에게는 먼저 내미는 것은 예의가 아니다. 또한 모임에서 그곳에 모인 모든 사람들에게 명함을 돌리는 것은 격을 떨어뜨린다. 원하는 사람에게만 줘야 한다. 식사 중에는 명함을 줘서는 안 된다. 상대방이 명함을 달라고 하지 않는 한 꺼내지 않는 게 좋다. 말하지 않았어도 혹 명함을 원하는 것 같으면 "제 명함 한 장 드려도 되겠습니까?"라고 질문하라.

명함은 항상 깨끗하고 꾸겨지지 않은 것을 준비해야 한다. 연락처가 바뀌었는데도 새로 만들지 않고 볼펜으로 지우고 다시 쓴 명함을 종종 받곤 하는데, 이는 그리 좋지 않다. 그렇다면 명함을 주고받는 올바른 방법에는 어떤 것이 있을까. 다음과 같다.

명함을 주고받는 올바른 방법

01. 반듯하게 서서 상대보다 먼저 내민다.

02. 상대방이 읽기 쉽도록 상대편을 향해 오른손으로 내민다.

03. "OOO입니다. 반갑습니다"라고 말하며 악수를 청한다.

04. 이름을 밝히지 않고 "이런 사람입니다"라고 하는 것은 실례다.

05. 상대방이 명함이 없어 당황하면 괜찮다고 먼저 말한다.

06. 상대방의 명함은 두 손으로 공손하게 받는다.

07. 동시에 교환할 때는 한 손으로 한다.

08. 명함을 받으며 "감사합니다" 또는 "고맙습니다"라고 말한다.

09. 받은 명함은 잠시 동안 확인한다.

10. 여러 사람과 만났을 때는 지위가 높은 사람과 먼저 교환한다.

11. 상대를 세워놓고 명함을 찾거나 명함을 꺼내기 위해 시간을 지체하는 것은 실례다. 만나기 직전에 명함지갑에서 명함을 한 장

꺼내 접히는 공간에 끼워 두었다가 바로 전해주도록 한다.

비즈니스에서 명함의 중요성이 커지면서 명함에 개성을 표현하는 경우도 많아졌다. 다른 사람과 똑같은 그저 그런 명함으로는 차별성을 줄 수 없고 고객에게 강한 인상을 남길 수 없다.

7 첫인상의 오류

고객이 첫인상으로 영업인을 판단하더라도 영업인은 절대 첫인상으로 고객을 판단해서는 안 된다. 첫인상이 틀리는 때도 많기 때문이다. 첫인상으로 사람을 구별하려는 시도는 뇌에서 일어나는 현상이다. 뇌의 전두엽은 시각, 청각, 촉각 등을 통해 받아들인 정보를 종합하고 편집하여 판단하고 행동을 결정한다. 이 과정에서 우리는 빠르고 편리하게 판단하고자 하는 욕구가 생긴다. 그에 따라 첫인상은 그동안 뇌에 저장되어 있는 정보로 이를 판단하는 것이다. 그러나 세상에는 생각보다 예외가 많다.

15년 전 직장 동료들과 강원도 쪽으로 단체로 여행을 간 적이 있었다. 이야기 끝에 축구를 하자는 말이 나와서 우리는 갑자기 학교 운동장을 빌려야 했다. 우리가 있는 곳에서 가장 가까운 학교를 찾아 운동장을 빌리기로 했다. 마침 근처에 초등학교가 있었다. 토요일 오후라 학교는 조용했다.

학교 정문을 들어서자 초라하고 볼품없는 60대 노인이 학교 운동장 구석에서 풀을 뽑고 있었다. 첫인상으로만 보면 여지없이 막일을 하는 사람이었다. 누가 보더라도 그 노인이 운동장 사용을 결정할 권한이 있는 사람으로는 보이지 않았다. 그런데 일행 중 누군가가 어떻게 알아냈는지 그 노인이 학교장이라고 했다. 그리고 그 노인에게 가서 정중하게 인사를 하고 운동장을 빌렸다.

영업인은 현장에서 수많은 사람과 부딪친다. 그들을 세심하게 분석하여 구매 가능자와 구매 불가능자를 단번에 가려내는 것은 쉬운 일이 아니다. 유력한 가망고객이라고 생각했던 사람이 끝내 거절을 하고, 전혀 예상하지 않았던 사람이 충성고객이 되는 일이 얼마나 흔한가. 그만큼 첫인상으로 고객을 가려내기란 만만치 않다.

영업인이 눈여겨볼 만한 첫인상 오류의 좋은 예로는 말콤 글래드웰이 쓴《블링크》에 잘 나와 있다. 자동차 세일즈맨인 보브 골롬은 한 달에 20대의 차를 파는 놀라운 저력의 사나이다. 이는 평균 판매량의 두 배가 넘는 실적이다. 그는 차분하면서도 주의 깊고 공손할 뿐 아니라 훌륭한 경청자다. 그런 그는 세일즈맨으로서 세 가지 단순한 규칙이 있다고 말한다.

고객을 소중히 대하라

고객을 소중히 대하라

고객을 소중히 대하라

그러나 골롬의 성공에는 중요한 또 하나의 이유가 있다. 그는 고객의 욕구와 기분에 대해서는 순간적인 판단을 수없이 내렸지만, 결코 외모로 판단하지 않았다. 그는 문 안으로 걸어오는 사람은 누구나 차를 살 가능성이 있다고 생각했다.

이 비즈니스에서는 사람들을 예단할 수 없습니다. 예단은 죽음의 입맞춤입니다. 우리는 모든 사람에게 최선의 시도를 해야 합니다. 풋내기 세일즈맨은 고객을 보고 이렇게 생각합니다. '이 사람은 차를 살 것처럼 보이지 않아' 라고 말입니다.

하지만 이것은 최악의 자세입니다. 때로는 전혀 살 것 같지 않았던 사람이 대박인 경우도 있거든요. 제 주요 고객 중에는 농사를 짓는 분이 계시는데 여러 해 동안 그에게 모든 종류의 차를 다 팔았습니다. 악수를 하면서 계약을 끝내고 나면 그는 제게 100달러짜리 지폐를 한 장 건네며 말합니다. "내 농장으로 보내주십시오" 라고 말입니다.

우리 사이에는 배송 계약서도 필요 없습니다. 당신이 지금 이 자리에서 쇠똥 묻은 작업복을 걸친 그를 본다면 아마 귀한 고객이라고 생각하지 않을 겁니다. 하지만 사실 우리 업계의 표현을 빌리자면, 그 사람은 현찰 덩어리죠. 또 사람들은 10대 아이들을 내쫓는 경우가 간혹 있는데, 그날 밤 그 아이들이 엄마, 아빠를 대동하고 와서 차를 고릅니다. 계약서를 작성하는 사람은 물론 다른 세일즈맨이죠.

대다수 세일즈맨들은 누군가를 볼 때, 어찌된 일인지 외모에서 받은 첫인상에 휘둘려 그럭저럭 긁어모은 다른 모든 정보들을 한꺼번에 팽개치고 만다. 그에 비해 골롬은 정보를 엄선하고자 노력했다.

안테나를 세우고 저 사람이 확신에 차 있는가 아니면 불안정한가, 아는 게 많은가 아니면 순박한가, 믿는 기질인가 아니면 의심하는 기질인가 따위의 정보를 수집한 것이다. 그리고 관찰을 통해 얻어낸 많은 정보 중에서 외모에서 받은 인상만큼은 걸러내려고 애썼다.

한국GM 동대문영업소의 박노진 대표도 첫인상으로 사람을 판단하는 것이 얼마나 잘못된 일인지 알게 해준다. 박 대표가 1990년 빈민촌에서 아흔 살에 가까운 할아버지를 만난 경험은《한국을 뒤흔든 세일즈 마케터》에 자세히 나와 있다.

어느 날 박 대표가 지인의 소개로 찾아간 곳은 빈민촌에 있는 12평짜리 연립주택이었다. 입구에 쓰레기통이 놓여 있는데 문을 열고 들어서니 노인 한 분이 팔에 링거주사를 꽂고 누워 있었다. 순간 뭔가 잘못됐다는 생각이 들었지만, 내색할 수는 없었다. 일단 찾아온 용건을 말하고 상담을 시작했다.

그런데 이 노인이 사겠다고 하는 차는 최고급 아카디아였다. "차 가격이 얼마냐?"며 이것저것을 물어보던 노인은 "차를 살 테니 계약금은 OO은행 OO지점에 가서 받아가라"는 것이었다. 그러면서 차는 여의도의 한 아파트로 보내달라고 했다. 박 대표는 그 길로 은행에 달려갔다.

그런데 은행에서 군소리 없이 노인이 말한 돈을 내주었다. 하도 신기해서 박 대표는 은행원에게 그 할아버지에 대해 물었다. 은행원은 "대단한 분"이라며 엄지손가락을 치켜세웠다.

할아버지는 젊은 시절에 일본 유학을 마친 뒤 한때 한국은행에 근무한 적이 있었다고 했다. 그 후 부동산 투자로 큰돈을 번 할아버지는 서울에만 빌딩 20채를 갖고 있는 알부자라고 했다. 그러나 평소에는 검소하게 살아 아카디아를 계약하기 전까지 당시로는 단종 모델인 '마크V' 를 몰고 다녔다고 했다. 얼마나 오랫동안 탔는지 바퀴가 거의 빠질 지경이었단다.

그러나 할아버지는 낡아빠진 '마크V' 를 폐차하지 않고 당시 일흔 살의 아들에게 물려줬다고 했다. 그런데 이 아들은 아버지 몰래 차를 갖고 있었는데, 사치를 대단한 죄로 아는 아버지에게는 비밀로 해왔다고 했다. 물론 아버지도 아들이 그때까지 차가 없는 줄 알고 있었다고 했다.

박 대표가 찾아간 남현동 연립주택은 할아버지가 1주일에 한 번씩 요양차 찾는 일종의 서울 시내 별장 같은 곳이었다. 당시만 해도 이곳의 공기가 서울 시내보다 맑았다고 한다. 재미있는 것은 박 대표가 할아버지의 '별장' 을 찾기 전까지 자동차 영업사원 세 명이 연립주택을 방문했다는 것이다.

그러나 좁고 누추한 연립에 홀로 누운 노인이 수천만 원짜리 자동차를 사겠다고 하자 "미친 노인네" 라고 하며 다들 돌아갔다는 것이다. 그러니까 박 대표는 네 번째로 노인의 연립을 찾은 자동차 영업사원이었던 셈인데, 자동차 구입에 대한 계약을 한 뒤 노인은 박 대표에게 "상대방을 믿어주고 성실하게 대해줘 고맙다" 며 인사를 했다고 한다.

이처럼 영업인은 절대로 고객을 첫인상으로 판단해서는 안 된다. 하지만 고객들은 첫인상으로 영업인을 평가한다. 그래서 여기서 다시 한 번 강조한다. 영업인에게 첫인상은 매우 중요하다. 좋은 첫인상은 그만큼 고객의 마음을 빨리 쉽게 열기 때문이다.

마음의 빗장,
칭찬으로 열어라

칭찬을 받으면 누구나 기분이 좋아진다. 고객을 처음 만났을 때, 칭찬은 고객의 마음을 여는 마법과 같은 힘이 있다. 칭찬에 인색하면 절대 좋은 성과를 낼 수 없다. 또한 요령 없는 칭찬은 물건을 팔아먹으려 한다는 인상을 주어 오히려 역효과를 불러온다. 그렇게 보면 칭찬에도 요령이 필요한 셈이다.

여성은 외모를 칭찬하면 좋아한다. 그러나 "예쁘십니다" 정도로는 그 효과를 충분히 거둘 수 없다. 어느 한 부분을 딱 꼬집어 칭찬해야 효과가 있다. "오늘 귀고리가 참 어울립니다"와 같은 식으로 말이다.

그리고 고객의 귀고리가 흔히 볼 수 없는 것이고, 보기에 어울린다는 생각이 들면 이렇게 칭찬해야 한다. "어디서 사셨어요?"라고 말이다. 진짜 어디서 샀는지 궁금해서 묻겠는가. 단지 보기 드문 귀고리라는 점을 강조하기 위해 질문을 한 것이다. 이렇게 질문으로 칭찬을 하면 고객을 더 기쁘게 할 수 있다. 몇 가지 예를 더 들겠다.

- 참 아름다우신데, 그중에서도 눈이 정말 예쁘시네요.
- 파마가 잘 나왔네요. 어느 미용실에서 했어요?
- 오늘 원피스가 정말 잘 어울려요. 어디서 사셨나요?
- 사모님은 전체적으로 우아하신데, 특히 코가 참 예쁘시네요.

이렇게 외모를 칭찬한 후 성격이나 인품으로 칭찬을 넓혀가야 한다. 사람들은 외모와 어울리는 인품을 갖고 싶어 하기 때문이다. 그래서 자기 내면에 어울린다고 생각하는 옷을 입고 화장을 하고 액세서리를 하는 것이다.

- 제가 상담을 하면서 느끼는 건데 겉모습만 아름다운 게 아니라 마음씨도 참 아름다우시네요.
- 사모님은 다른 사람을 배려하는 마음이 남다르신 것 같아요.
- 이렇게 좋은 집에 사시는 분들은 영업인을 안으로 들어오라는 말을 잘 안 하는데, 이렇게 차까지 주시니 정말 감사합니다.

용인의 수지지역은 은퇴하신 분들이 많이 사는 곳이다. 그분들 대부분이 잘 나가던 시절이 있었다. 그중에 중학교 교장으로 정년퇴직을 한 분이 계시다. 우연한 기회에 알게 되었는데, 귀를 살펴보니 그 연세에 가질 수 있는 질병을 가지고 있었다. 특히 무릎하고 엉덩이뼈가 많이 아프신 것 같았다. 그렇다고 대뜸 "무릎하고 엉덩이뼈가 많이 아프시죠?"라고 질문하는 것은 실례다.

우선 그분의 마음을 여는 것이 중요하다고 생각했다. 그래서 "선생님은 그 연세에도 피부가 참 좋으세요. 교직에 평생 계셨으면 속상한 일도 많으셨을 텐데 참 대단하시네요. 교직은 천직이라는데 선생님은 속 썩는 일 없이 즐겁게 하셨나봐요. 쉽지 않은 일인데, 참 대단하시네요. 아이들을 가르칠 때 혹시 재미있는 일화라도 있으신가요?"라고 물었다.

그러자 그분은 "맞아요. 재미있게 했어요. 아이들을 보면 지금도 좋습니다. 학교에 돌아가고 싶을 때가 많아요"라고 대답했다. 필자는 칭찬을 이어갔다. "대단하시네요. 지겹다고 하시는 분들도 있는데……. 대한민국 선생님들이 모두 선생님처럼 사명감으로 아이들을 가르친다면 참 좋을 텐데 말이예요"라고 말이다.

칭찬을 싫어하는 사람은 없다. 마음이 많이 열린 것처럼 생각되자 "선생님 무릎하고 엉덩이뼈가 좀 편찮으시지 않으세요?"라고 질문을 했다. 그분은 잠시 멈칫하시며 어떻게 알았느냐고 물었다. 그 뒤의 결과는 뻔하지 않은가.

물론 칭찬 한마디가 계약으로 바로 이어지는 것은 아니다. 그리고 고객에게 제품을 팔기 위해 마음에도 없는 칭찬을 하는 것은 좋지 않다. 고객들은 안다. 영업인이 진심으로 자기를 대하는지 물건을 판매하기 위해 감언이설을 하는지.

아울러 여성이 사업이나 직장생활, 봉사활동, 시민단체활동과 같은 사회활동을 활발하게 하고 있다면 이것 또한 좋은 칭찬거리가 된다. 사람은 누구나 자기가 능력 있는 사람으로 평가받기를 원한다. 또한 자신의 사회활동, 봉사활동 등이 다른 사람에게 알려지기를 은근히 원하는 사람들도 있다.

- 여성 중 활발하게 사업하시는 분이 몇 분이나 되겠습니까? 저는 같은 여성으로 겁이 나서 사업을 못하겠는데, 참 대단하십니다. 사업을 어떻게 시작하게 되셨어요?
- 저 살기도 바쁜 세상인데, 지역에서 이렇게 훌륭한 일을 하시다니 참 대단하십니다. 많은 사람들이 그 활동에 동참했으면 좋겠습니다. 보람도 많으시죠?
- 여성이 바깥에서 활동하려면 많은 제약이 따르는데 참 대단하세요. 아이들도 그렇게 공부를 잘 한다면서요?
- 돈 많고 시간 많다고 봉사활동을 하는 게 아니잖아요. 회장님 같은 분들이 계시니 이 사회가 살만한 거예요. 그렇게 봉사활동을 하시는 남다른 이유가 있으실 텐데 여쭤봐도 될까요?

그리고 이런 칭찬거리들도 질문으로 마무리 짓는 게 중요하다. 질문을 받으면 답을 해야 하기 때문이다. 고객이 자연스럽게 자기 자신을 자랑할 수 있도록 길을 터주는 것도 중요하다. 알아서 자랑하는 사람들도 있지만, 어느 정도 교양이 있다면 자기 자랑을 하지 않기 때문이다. 영업인은 가망고객들이 자연스럽게 자신에 대한 이야기를 할수 있도록 기회를 만들어 주어야 한다. 가망고객이 자신의 경험담이나 활동 내용을 자연스럽게 말하도록 유도하려면 질문이 필요하다.

- 아이 키우랴 직장생활하랴 참 힘드셨을 텐데, 대단하세요. 직장생활하며 가장 힘들었던 순간은 언제입니까?
- 남을 위해 봉사하는 일은 아무나 할 수 없잖아요. 그런데 이렇게 시간 쓰고 돈 쓰며 봉사활동 하시는 분들을 보면 존경스럽습니다. 배려하는 마음이나 남을 위하는 희생정신이 없으면 힘들잖아요. 봉사활동을 시작한 계기가 있었나요?
- 아이들을 가르친다는 게 정말 어렵잖아요. 사명감이 없으면 어떻게 하겠어요. 선생님을 괜히 천직이라고 하겠어요? 아이들을 가르치다 보면 속상한 일도 많을 텐데, 선생님은 이것을 어떻게 이겨내시나요?
- 남성들도 힘들어 하는 사업을 여성이 한다는 게 쉽지 않았을 텐데 대단하세요. 이렇게 사업을 하시게 된 동기가 있나요?

이렇게 질문을 받으면 가망고객들은 자신의 이야기를 시작할 것이다. 쑥스러워하거나 자랑스럽게 이야기 할 때 당신은 가끔 맞장구만 쳐주면 된다. "네, 그래서요?", "정말 대단하시네요", "그다음은 어떻게 되었어요?"와 같은 말은 추임새가 되어 가망고객의 이야기에 신바람을 일으킨다.

　고객이 남성이라면 조금 다르게 칭찬을 해야 한다. 여성은 외모, 옷, 액세서리 따위를 먼저 칭찬하고 성격이나 인품을 칭찬하지만, 남성은 반대로 해야 좋아한다. 남성은 외모보다는 성격, 능력, 의지, 업적, 리더십 같은 것을 칭찬하며 접근하는 게 효과적이다.

- 사장님께서는 사업에 성공하신 특별한 비법이 있나요?
- 회사에 들어서니 직원들 표정이 정말 밝네요. 사장님께서 직원들에게 잘 해주시나 봐요?
- 버스를 타고 오며 사장님이 어떤 분일까 많이 궁금했는데, 성격도 호탕하시고 참 멋지시네요.

　부동산 사업을 하는 50대 후반 정도 된 사장을 우연한 기회에 알게 되었다. 부동산업으로 아주 많은 돈을 벌어 지역에서는 재력가로 알려진 분이었다. 명함을 받아보니 명함 뒷면에 OO대학교 경영대학원 졸업, OO클럽 회원, OO동창회 이사 등으로 이력이 빼곡히 들어차 있었다. 한여름에도 항상 정장이었고 사무실에는 유력 인사들과 같이 찍은 사진과 감사패 등이 눈에 잘 띄게 진열되어 있었다.

　이런 사람들은 누구보다 칭찬에 약하다. 여기서 잠깐 아부와 칭찬을 구별해야 한다. 그럴 마음이 전혀 없으면서 단지 그 사람에게 잘 보여 어떤 이득을 취하려고 칭찬을 한다면 아부다. 그러나 가망고객에게 당신이 취급하는 상품이 반드시 필요하지만 아직 그 필요를 느끼지 못할 때, 고객의 문제를 해결하기 위한 수단으로 칭찬을 한다면 그건 진짜 칭찬이다. 당신이 취급하는 제품으로 고객의 문제를 해결할 수 있다면 보람 있는 일 아니가. 이분은 심장질환이 눈에 뜨였다.

그래서 "사장님 대단하십니다. 어린 시절엔 어려웠는데, 자수성가하셨다고 하더라고요. 저도 부동산에 관심이 있는데, 처음이라 어떻게 하는 게 좋은지 통 모르겠더라고요. 특별한 비법이라도 있습니까?"라고 질문하자 "비법이랄 게 뭐 있나요. 그냥 열심히 살다보니 이렇게 되었지요"라고 간단히 말을 끝내려 했다.

그래서 다시 칭찬과 질문을 이어갔다. "사장님 그래도 어디 아무나 되나요. 사장님 능력이 대단하신 겁니다. 경제를 읽는 눈, 나라 전체의 경기 흐름을 바라보는 감각이 탁월하지 않으면 부동산업을 할 수 없다는데 대단하신 거죠. 그리고 사장님은 지역사회에 봉사도 많이 하시고 어려운 사람들을 위해 후원금도 많이 내신다는 말을 들었어요. 봉사활동을 하시게 된 계기라도 있습니까?"라고 말이다.

그러자 그분은 조금씩 마음을 열며 자신의 이야기를 시작했다. 심장질환에 좋은 건강기능식품을 판매한 것은 당연했다. 고객이 마음을 열면 그다음은 쉽다. 마음이 열리면, 지갑도 열리는 법이다.

남성들이 건강기능식품을 구매하는 경우는 아주 이례적이다. 그래서 건강기능식품을 사려는 남성에게는 자상함과 특별함을 칭찬하는 게 좋다. "대개 남성들은 남의 말을 잘 안 들어서 직접 건강기능식품을 구입하는 예가 드문데, 선생님은 가족에 대한 사랑이 남다르신 거 같네요. 사모님의 건강까지 신경 쓰시는 걸 보니 부럽습니다.

참 자상하신 분 같아요"와 같이 말이다.

평범한 가정주부라면 아이들을 칭찬하는 게 효과가 있다. 자식이 잘 되는 것을 싫어할 부모가 없듯이 자식이 다른 사람한테 좋은 평가를 받는다면 이보다 더 큰 기쁨이 어디 있겠는가. 좋은 대학에 입학했을 때, 상장을 받았을 때, 그림이나 피아노 대회에서 입상했을 때는 워낙 칭찬을 많이 받으니 그 효과가 반감된다.

하지만 공부 못하는 아이들, 객관적으로 칭찬 받을 게 아무 것도 없는 아이들, 학교에서 말썽만 부리는 아이들을 가진 부모라면 얼마나 마음고생이 많겠는가. 이때를 칭찬의 기회로 삼는 것은 어떨까. 아이 편에서 이야기를 해주면 가망고객의 마음은 활짝 열릴 것이다.

- 학교 다닐 때 공부 머리하고 사회 나와서 쓰는 머리하고 다르잖아요. 제 친구도 학교 다닐 때는 보잘 것 없었는데, 지금은 사업으로 돈을 많이 벌어 얼마나 떵떵거리고 사는데요.
- OO시의원 아시죠? 학교 때는 공부도 못하고 말썽만 부렸대요. 그래도 지금은 출세했잖아요. 그러니 너무 걱정하지 마세요. 자기 복 자기가 타고 난다는 말이 있잖아요.
- 영민이는 진짜 씩씩해서 좋아요. 영민이 같은 애가 나중에 출세한대요.
- 애가 친구를 잘 사귀는 것을 보니 대인관계가 좋은가 봐요. 공부만 잘하면 뭐해요.
- 해찬이처럼 성격이 좋아야 되요. 보세요, 해찬이는 크게 될 거예요.

필자가 우연히 만난 고객의 집 아이가 학교에 적응을 하지 못하고 고등학교를 자퇴했다. 텔레비전 드라마에서 제빵에 관한 것이 나오자 자기도 제빵학원에 다니겠다고 자퇴를 했다고 한다. 부모 입장에서는 기가 막히는 일일 것이다. 하지만 축구선수 이청용 선수를 예로 들어 칭찬을 해줬다.

"그것은 동준이에게 꿈이 있다는 거예요. 축구선수 이청용 아시죠? 그 선수는 중학교 중퇴하고 축구에만 전념해 국가대표 선수가 되어 월드컵에 나가고, 지금은 영국 프리미어리그에서 뛰고 있잖아요. 동준이 같이 미래에 대한 꿈이 있는 아이들이 다음에 크게 되는 거예요. 학교만 열심히 다니면 뭐해요. 일찍이 자기가 좋아하는 일을 찾아가는 것도 괜찮아요. 나는 동준이가 달리 보여요. 그러니 걱정하지 마시고 열심히 하라고 동준이를 격려해 주세요"

이와 같은 칭찬은 가망고객의 마음을 진정시키고 위로할 것이다. 이로써 당신은 고객과 말동무가 된 것이다. 고객이 고민과 걱정거리를 잊을 수 있도록 좋은 기회를 제공했기 때문이다.

그런데 칭찬은 쉬울 것 같지만, 습관이 안 되면 결코 쉽지 않다. 칭찬거리를 찾아내는 것도 쉬운 게 아니다. 남들과 다른 칭찬으로 고객의 마음을 열려면 평소에 칭찬거리를 찾아내어 사심 없이 칭찬하는 연습을 해야 한다. 지금 옆에 있는 사람을 보라. 칭찬할 것이 무엇인지 한 번 찾아보라. 그리고 칭찬을 해보라.

이심전심,
공감대를 형성하라

1 자세와 동작 따라하기

이유 없이 미운 사람이 있다. 특별히 잘못한 것이 없는데도 밉다. 그런데 아무런 이유 없이 좋은 사람이 있다. 이런 사람하고는 금방 친해지고 마음도 쉽게 튼다. 경쟁이 치열한 영업 현장에서는 이런 일도 있게 마련이다. 갑이라는 영업인이 열심히 다니며 상품 설명을 하고 이런저런 선물까지 줬지만, 결국에는 을이 가서 계약을 할 때 말이다. 무슨 차이 때문일까? 고객은 왜 을에게 마음을 열었을까?

고객은 자기와 통하는 사람에게 물건을 사고 싶어 한다. 고객과 통하려면 영업인만 마음을 연다고 되는 게 아니다. 고객도 마음을 열어야 한다. 영업인이 아무리 마음을 열고 접근해도 고객이 마음을 굳게

닫고 있으면 내 편으로 만들 수 없다. 공감대가 만들어진다는 것은 고객의 마음이 열려 하나가 된다는 뜻이다. 그래서 고객과 공감대를 만드는 것은 영업인에게 있어 아주 중요한 핵심 기술이다. 고객이 마음을 열지 않는다면 어떻게 진실한 이야기를 나눌 수 있겠는가.

고객의 마음을 여는 데는 이미 말한 첫인상도 중요하고, 칭찬도 중요하다. 아울러 이제부터 이야기하려는 비언어적인 다양한 방법들도 배워야 한다. 이미 말했지만 영업은 기술이다. 타고나는 게 아니라 배워가는 것이다. 지금부터 나오는 기술을 잘 연습하여 현장에서 써먹을 수 있다면 더 나은 성과를 올릴 수 있을 것이다.

신경심리학자들은 상대방의 자세, 몸짓, 말투, 억양, 동작을 마치 거울에 비친 것처럼 그대로 따라하거나 모방하면 상대방의 무의식과 접속할 수 있다고 말한다. 이 말은 두 사람 사이에 친밀감이 높아지고 유대감을 느끼게 된다는 것을 말한다. 미국 캘리포니아 대학교 리버사이드 캠퍼스의 로렌스 로젠바움 교수가 이 사실을 뒷받침하고 있다.

그의 연구에 따르면, 사람은 누가 됐든 대화 상대와 공감을 하기 위해 상대의 억양, 콧소리, 말투 등을 무의식적으로 따라하고 흉내낸다고 한다. 그는 실험 참가자들에게 테니스, 양배추 등 단순한 어휘 80개를 다른 사람이 소리 없이 입 모양만으로 말하는 것을 관찰하게 했다. 그 후 다시 입 모양만으로 한 단어를 말하는 모습을 보여준 뒤 주어진 두 가지 답안 중 맞는 어휘를 찾도록 해 소리 내어 답을 하도록 했다.

그 결과 실험 참여자들은 자신들의 평소 말투가 아닌 다른 사람이 입 모양만으로 들려주던 방식으로 단어를 말했다. 로젠바움 교수는 "인간의 뇌는 선천적으로 상대방과 유대감을 가지기 위해 다른 사람의 말을 끊임없이 모방하도록 설계돼 있다"며, "생전 처음 본 사람, 외국인, 입 모양만으로 말하는 모습만 봐도 그저 따라하게 돼 있다"고 말했다. 로젠바움 교수는 "인간은 태어나서 죽을 때까지 끊임없이 모방하는 존재"라며, "말투 외에 버릇, 자세, 얼굴 표정 등 세밀한 부분도 따라한다"고 덧붙였다. 또 "외국어를 열심히 배우다 보면 말투 외에 외국인의 제스처를 따라하다가 어색한 모습을 보이는 것도 그 이유"라고 말했다.

케빈 호건과 윌리엄 호튼이 함께 쓴《구매의 심리학》에는 상대방의 행동이나 동작을 그대로 따라하거나미러링, mirroring 모방매칭, matching 함으로써 고객과 공감대를 형성하는 여러 가지 방법을 친절하게 알려주고 있다. 먼저 따라하기의 대상에는 이런한 것들이 있다.

01. 말 | 높낮이, 속도, 리듬, 성량
02. 언어 | 고객이 사용하는 언어, 고객의 수준에 맞추어 단어 사용
03. 호흡 | 호흡의 속도
04. 자세 | 턱 만지기, 다리꼬기, 팔짱끼기
05. 감정 | 고객의 슬픔, 기쁨, 들뜸, 즐거움

상대방의 동작이나 자세 가운데 위의 다섯 가지를 잘 관찰하여 따라하기나 모방을 하면 된다. 그러나 이것이 생각처럼 쉬운 것은 아니다. 어설프게 하다가는 고객의 기분을 상하게 할 수도 있다. 중요한 것은 자연스러움이다.

상대방의 동작을 따라하거나 모방을 하다가 공감대가 형성되고 나면, 이제 당신이 자세를 바꿈으로써 상대방을 이끌 준비를 해야 한다. 즉 상대방이 자연스럽게 당신의 동작을 따라하게 만드는 것이다. 당신이 말할 때 상대방이 의식하지 않고 당신의 자세나 동작을 따라하기 시작했다면 서로간에 완벽하게 공감대가 형성되었다고 할 수 있다.

이제 케빈 호건과 윌리엄 호튼이 가르쳐 주는 대로 따라 해보자. 고객과 공감대를 형성하는데 큰 도움을 줄 것이다.

2 관찰하기

자연스럽게 공감대가 만들어지는 장소는 많다. 공원, 레스토랑, 식당, 쇼핑몰, 공항, 교회, 해변 등 사람들이 많이 모이는 곳이라면 공감대를 만들어 가는 사람들을 어렵지 않게 찾아볼 수 있다. 이 연습을 위해 자세, 호흡, 목소리를 바탕으로 공감대가 형성되어 있는 두 사람을 찾아보자. 그리고 이들을 자세히 관찰해 보자.

- 두 사람은 몸을 앞으로 숙이고 앉아 있는가? 아니면 등을 의자에 기대고 앉아 있는가?
- 두 사람의 팔, 손, 손가락 자세와 다리, 발 자세는 어떤가?
- 두 사람의 머리는 같은 방향으로 기울어져 있는가?
- 두 사람은 장시간 동안 똑같은 호흡 속도를 유지하는가?
- 동시에 숨을 몰아쉬고 내쉬는가?
- 호흡의 리듬이 계속해서 똑같이 유지되는가?
- 두 사람이 하는 말의 속도는 어느 정도 비슷한가?
- 두 사람의 성량은 어느 정도 비슷한가?
- 음성의 높낮이는 어떤가?
- 음성 톤은 어떤가?
- 서로 대화하는 동안 두 사람의 목소리 패턴이 바뀌는가?
- 바뀐다면 그 변화가 두 사람의 공감대에 어떤 영향을 미치는가?
- 서로 대화하는 동안 움직임에는 어떤 변화가 일어나는가?
- 이러한 변화가 두 사람의 공감대에 어떤 영향을 끼치는가?

3 따라하기(미러링, mirroring)

고객의 자세, 몸동작, 행동 등을 따라하며 공감대를 형성하는 것은 생각처럼 쉽지 않다. 그래서 고객에게 어설프게 사용하거나 연습을 했다가는 실례가 될 수도 있다. 그냥 처음 보는 사람을 대상으로 연습하는 게 가장 좋다.

누군가를 따라할 때는 당신이 마치 상대방의 거울 속에 비친 사람처럼 해야 한다. 상대방이 왼쪽 다리를 오른쪽 다리에 올려놓는다면 당신은 오른쪽 다리를 왼쪽 다리에 올려놓아라. 손을 움직이거나 어깨를 움츠리거나 머리를 흔드는 것처럼 상대방이 말을 하면서 어떤 제스처를 취한다면 그대로 따라 해보자.

공감대 형성을 위해 따라할 수 있는 고객의 동작이나 행동에는 여러 가지가 있을 수 있다. 손동작, 머리 긁적이는 것, 코 만지는 것, 손으로 턱 고이는 것, 손가락으로 머리를 쓸어 넘기는 것 등이 포함될 수 있으며, 이밖에도 많다.

4 모방하기(매칭, matching)

모방은 따라하기처럼 똑같은 동작을 취하지 않는 대신 비슷하게 하면 된다. 예를 들어, 상대방이 두 손을 각지를 낀 채 식탁 위에 놓아두고 있다면 당신은 조금 후에 두 손으로 물잔을 꼭 움켜쥠으로써 상대방의 자세를 모방할 수 있다.

동작도 모방할 수 있다. 상대방이 넥타이를 바로 잡으면 당신은 옷깃을 여밀 수 있고, 상대방이 팔짱을 끼면 당신은 두 손을 맞잡고, 상대방이 손으로 탁자를 두드리면 당신은 발로 바닥을 두드리고, 상대방이 머리카락을 만지면 당신은 코를 만지는 식이다. 이밖에도 상대방이 말하는 속도나 성량, 음의 높낮이나 톤을 주의 깊게 들어본 후 모방할 수 있다.

5 이끌기(리딩, leading)

그동안 당신이 고객의 자세나 동작을 따라하거나 모방했다면 이제는 고객이 당신을 따라하게 만드는 것이 중요하다. 물론 이때도 자연스러움이 생명이다. 고객은 자신도 모르는 사이에 당신을 따라하게 된다. 고객이 당신의 동작이나 자세를 따라한다면 이제 공감대가 형성되었다는 뜻이고, 상대방의 생각을 당신이 원하는 방향으로 유도할 수 있다는 뜻이다.

6 눈 맞추기(아이 컨택팅, eye contacting)

눈이 마음의 창이라는 말은 모두 알고 있을 것이다. 눈은 뇌와 외부를 연결하는 유일한 신체 기관이다. 그만큼 눈은 사람의 마음을 보여준다. 상대방이 겁을 먹었는지, 불안한지, 나에게 호감을 느끼는지, 피곤한지, 간절히 원하는지, 나에게 관심이 있는지 등을 모두 눈으로 알 수 있다.

예를 들어, 상담을 할 때 고객의 시선이 고정되지 않고 자꾸 다른 곳을 두리번거린다면 당신에게 관심이 없다는 뜻이다. 강의를 할 때 관심이 많은 사람들은 필자에게서 눈을 떼지 않는다. 관심이 없으면 고개를 숙이거나 시계를 보거나 두리번거린다. 이처럼 우리는 눈만 보고도 상대방이 무슨 생각을 하고 있는지 알 수 있다.

그러므로 첫인상을 보는 가장 정확한 방법은 눈이다. 영업인의 눈이 빛나지 않으면 고객은 영업인을 게으르거나 무능하게 본다. 하지만 눈이 반짝이거나 빛나면 적극적이고 열심히 일하는 사람으로 본다. 따라서 영업인이 자신감 있는 눈빛으로 자주 눈을 맞출수록 고객과 그만큼 빨리 친해질 수 있다.

앞에서 언급한《구매의 심리학》에서는 눈에 대해 우리가 알아야 할 많은 정보를 알려주고 있다.

- 일반적으로 두 사람이 눈을 맞추는 시간이 길면 길수록 서로 더 강한 친밀감과 호감을 느낀다.
- 기쁨과 행복에 대한 이야기를 하면 동공이 확대되고, 슬픔과 불행에 대한 이야기를 하면 동공이 축소된다.
- 눈을 맞추는 것은 누군가를 설득하는 데 있어 매우 중요한 역할을 한다.
- 여성은 상대방과 눈을 많이 맞출 때 개인적인 이야기를 더 많이 하는 경향이 있다.
- 눈을 많이 맞출수록 당신은 상대방에게 자신감 있는 사람으로 보인다.

- 눈을 많이 맞출수록 당신은 자신에게 더 많은 자부심을 느낀다.

- 눈이 맑을수록 당신은 상대방에게 더 매력적인 사람으로 보이게 된다.

- 상대방과 대화할 때는 선글라스를 벗는 게 예의다.

- 만일 당신이 누군가에게 매력적으로 보이고 싶다면, 그 사람을 자꾸 쳐다보라. 그리고 웃어라.

- 남자를 처음 만났을 때는 그의 머리에서 발끝까지 훑어보라. 그러면 그는 우쭐한 기분을 느낄 것이다. 여성을 만나면 어깨의 위쪽을 쳐다보라. 그녀는 당신을 깊이 있고 유능한 사람이라고 생각할 것이다.

- 당신이 매력을 느끼는 사람과 대화를 할 때에는 대화시간의 70% 이상 눈을 맞춰라

- 당신에게 특별한 사람이 될 수도 있는 사람과 함께 있는 자리에서는 긴 시간 동안 주위의 다른 사람에게 시선을 두어서는 안 된다. 그 사람으로 하여금 당신의 시선을 사로잡는 사람은 자신뿐이라는 기분이 들도록 만들어라.

다시 한 번 강조하지만 연습이 중요하다. 영업의 전 과정에서 당신이 부족한 부분이 있으면, 그 부분을 메우기 위한 노력을 게을리해서는 안 된다. 부족한 부분을 보완하려고 노력하지 않으면 당신의 영업성과는 시원치 않을 것이다.

당신보다 급여를 두세 배 많이 받는 사람을 알고 있는가. 그 사람

들이 당신보다 일을 두세 배 많이 하던가. 그 사람들이 하루를 48시간이나 72시간으로 늘려서 사용하던가. 아니다. 그들에게는 당신이 모르는 방법이 있다. 당신이 늘 하던 방식으로 고객을 만날 때, 탁월한 성과를 내는 영업인은 자신이 부족한 영업 기술을 배우기 위해 애썼을 것이다.

여러 가지 영업 기술 중 고객의 마음을 여는 기술을 맨 처음에 싣는 것은 그것이 무엇보다 중요하기 때문이다. 마음이 닫혀 있는 가망고객에게 아무리 좋은 제품을 가지고 설명한들 귓등으로밖에 더 듣겠는가. 표정을 좋게 하기 위해 연습하고, 악수 하는 법, 명함을 주는 법 등을 연습하라. 앞에 사람을 두고 실전처럼 연습하라.

칭찬은 평소 몸에 배게 해야 한다. 꼭 가망고객이 아니더라도 누구를 만나든 칭찬거리를 찾아내는 감각을 길러야 한다. 칭찬이 입에서 자연스럽게 나오도록 연습하라. 영업인이 말이 많아도 문제지만, 그렇다고 해야 할 말을 아끼는 것은 더 큰 문제다. 다른 말은 아끼더라도 가망고객을 칭찬하는 말은 아끼지 마라.

따라하기, 모방, 이끌기 등은 공감대를 형성하는 데 있어서 반드시 필요한 것들이다. 절대 하찮은 것이라고 여기지 마라. '정말 그게 효과가 있을까'라고 의심하지 마라. 이미 많은 학자들이 실험을 통해 증명한 사실들이다. 당신은 영업 성과를 높이기 위해 그저 연습만 하면 된다.

좋은 성과는 귀찮고 짜증나고 힘든 연습의 과정을 견디어 냈을 때 비로소 주어지는 결과물이다. 결코 타고나는 게 아니다. 이런 연습과

노력의 과정도 없이 시간을 무의미하게 보내고, 영업이 어렵다고 말
하지 마라.

3장

탁월한 성과를 올리는 법

시간을
지배하라

영업인들의 시간관리 요령은 스티븐 코비의 '중요한 것 먼저 하기'에서 배울만 하다. 스티븐 코비는 우리가 하는 활동이나 일을 (Ⅰ)긴급하고 중요한 일, (Ⅱ)긴급하지 않지만 중요한 일, (Ⅲ)긴급하지만 중요하지 않은 일, (Ⅳ)긴급하지도 중요하지도 않은 일로 나누었다. 영업인에게 각각에 해당하는 일에는 어떤 것들이 있을까.

먼저 (Ⅰ)긴급하고 중요한 일을 보자. 여기에 해당하는 일은 주로 급한 일들이다. 처리하지 않으면 문제가 되는 그런 일들 말이다. 마감시간에 맞춰 계약하기, 급하게 수금하기, 증원을 위해 증원 대상자 찾기, 고객의 불만 처리하기, 반품에 대한 요구 처리하기 등이 그것이다.

이런 일들은 영업인들에게 많은 스트레스를 준다. 가령, 마감이 코

앞인데 매출 목표를 달성하지 못했다고 상상해 보자. 마감 전까지 책임량을 해야 하고, 그렇지 못하면 관리자의 잔소리에 시달려야 한다. 당신이 책임량을 다하지 못해서 자신이 속한 조직이 불이익을 받는다면 무슨 망신인가. 어떻게든 목표를 달성해야 한다. 이 과정에서 영업인은 많은 스트레스를 받는다.

또한 자신이 속한 조직에서 조직원을 늘리기 위해 증원활동을 한다고 가정해 보자. 그만둔다면 모를까 이것도 스트레스다. 많은 영업인들이 이런 문제로 스트레스를 받고 이것을 견디지 못해 영업을 그만둔다. 그러므로 문제 수습과 단기적 성과 위주로 활동을 하면 영업을 오래 하기가 어렵다. 그래서 영업인은 (II)에 해당하는 일에 초점을 맞추어야 한다.

(II)긴급하지 않지만 중요한 일은 미리미리 준비하고 예방하는 것을 말한다. 평소에 고객을 관리하기, 평소에 증원 대상자를 골라서 관리하기, 월초에 어느 정도 매출을 올려놓기, 인간관계를 미리미리 해놓기, 세일즈 기법 익히기, 제품에 대해 공부하기, 다른 회사 제품에 대해 공부하기 등이 그것이다. 코앞에 닥친 문제를 해결하기 위해 정신없이 동분서주하지 않으려면 예방하고 준비하는 게 필수다.

이 책을 읽고 있는 당신도 이미 준비를 하고 있지 않은가. 책 읽는 일은 급한 것은 아니지만, 미래를 준비하는 중요한 일이다. 고객관리를 평소에 하지 않고 아쉬운 소리를 할 때만 찾아간다면 누가 좋아하겠는가. 증원도 마찬가지다. 증원은 매출보다 더 많은 시간과 노력을 필요로 한다. 단기간에 할 수 없는 것인데도 증원활동에 시상이 걸렸다고 해서 갑자기 증원 대상자를 만들어 낼 수는 없지 않은가. 모든 일이 마찬가지지만, 영업도 꾸준한 준비가 필요하다. 준비하는 영업인이 탁월한 성과를 낸다.

(Ⅲ)긴급하지만 중요하지 않은 일로는 일부 전화, 갑작스런 약속, 예기치 않은 지인의 방문, 일부 회의 등이 포함될 수 있다. 이런 일에 많은 시간을 들이는 사람은 영업을 할 자격이 없다. 어디 영업뿐이겠는가. 아무 일도 할 수 없다. 이런 일에 몰두하는 사람은 인생의 목표나 계획이 없는 사람이다. 당연히 고객에게 좋은 평판이나 신뢰를 얻기 힘들다.

(Ⅳ)긴급하지도 중요하지도 않은 일로는 쓸데없는 수다, 지나친 쇼핑, 노름, 일부 전화, 지나친 오락, 지나친 취미활동 등이 포함될 수 있다. 이 부분에 많은 시간을 허비하는 사람도 (Ⅲ)과 마찬가지다. 무책임한 사람이다. 이 책을 읽는 사람 중에는 이런 사람이 없을 테니 더 이상 말하지 않겠다.

성공하는 영업인이라면 이 4가지 가운데 어느 부분에 집중해야 할까? 당연히 (Ⅱ)긴급하지 않지만 중요한 일이다. 목표와 계획을 세우고 활동하는 영업인이라면 이 부분에 더 많은 시간을 투자할 것이다. 그러면 영업인은 어떻게 시간관리를 해야 할까? 주간 계획을 세우고 일일 활동일지를 작성하는 것이 효율적이다. 이에 관해서는 내 첫 번째 책인《영업, 질문으로 승부하라》에 어느 정도 정리를 해놓았으나 내용을 좀 더 보충하고자 한다.

영업활동은 시간과의 싸움이다. 목표나 계획이 없이 활동하는 것은 시간 낭비다. 년, 월, 주 단위별 목표를 가지고 실행 계획을 세워라. 〈표6〉은 스티븐 코비의《성공하는 사람들의 7가지 습관》에 나오는 주간 계획 양식을 참고해 영업인들을 위해 새롭게 만든 것이다. 주간 계획에 짜임새가 있으면 쓸데없는 일에 시간과 에너지를 뺏기지 않는다. 목표와 계획이 활동에 나침반 구실을 하기 때문이다.

주간 계획표 작성은 '결과 위주'가 아니라 '활동 위주'로 작성해야 효과가 있다. '주간 목표'란을 자세히 보라. 매출액이 아니고 매출활동으로 되어 있다. 이는 '주 매출액 100만 원'과 같은 식으로 결과를 목표로 잡으라는 게 아니다. 매출을 하기 위한 활동목표, 예를 들어 '신규고객은 몇 명을 만나고 개척은 어디를 할 것이며, 신규고객 카드는 몇 장을 받고……' 하는 식으로 작성하라는 뜻이다.

그리고 증원도 '몇 명 하겠다'가 아니라 증원 대상자 몇 명을 새로 발굴하고, 전화나 문자메시지는 몇 건, 경조사 챙기기 등과 같이 구체적인 활동목표를 세워야 한다. 이런 목표를 달성하기 위한 구체적인 실행 계획을 세워 '약속과 실천사항'란에 시간별로 기록하면 된다.

그리고 자기계발을 위한 계획도 필요하다. 영업 관련 서적을 읽거나 자신이 취급하는 제품과 관련된 책도 꾸준히 읽어야 한다. 바쁜데 언제 책을 읽느냐고 반문하는 영업인도 있을 것이다. 그래도 하루 30분이든 한 시간이든 책 읽기 계획을 세워야 한다. 그리고 당신에게

〈표6〉 주간 계획표 (   )월 (   )일

역할	자기계발	매출활동	증원활동	고객관리	기타
주간목표					

일( )	월( )	화( )	수( )	목( )	금( )	토( )
오늘의 중요 활동						

일일목표	약속과 실천사항
1.	
2.	
3.	
7	
8	
9	
10	
11	
12	
1	
2	
3	
4	
5	
6	
7	
8	
9	
10	

지속적으로 동기부여를 하기 위해 자기계발에 관한 책을 읽거나 테이프, CD를 들어라.

또한 체력관리를 위한 운동이나 재충전을 하기 위한 계획을 세워 실천해야 어느 순간 공허해지는 것을 막을 수 있다. 바쁘게 사는 사람들은 어느 날 갑자기 뒤를 돌아봤을 때 '이게 뭔가?'라는 회의감을 가질 수 있다. 이것을 극복하려면 때때로 여행을 가거나 영화, 연극, 독서 등으로 재충전도 해야 한다.

이런 목표와 실천이 하루하루 쌓이면 결국 매출 증가와 증원으로 이어지는 것은 물론 당신 인생이 풍요로워질 것이다. 재충전을 위한 적절한 여가활동은 더 많은 생산성으로 이어지기 때문이다. '논두렁에 앉아 낫 갈기'라는 예화가 이를 잘 설명하고 있다.

가을의 한 농촌 마을. 두 농부가 논에서 열심히 벼를 베고 있었다. 한 사람은 허리를 펴는 법이 없이 계속 벼를 벤다. 그러나 다른 한 사람은 중간 중간 논두렁에 앉아 쉬며, 노래까지 흥얼거렸다. 저녁이 되어 두 사람이 수확한 벼의 양을 비교해 보니, 틈틈이 논두렁에 앉아 쉬었던 농부의 수확량이 훨씬 더 많았다. 쉬지 않고 이를 악물고 열심히 일한 농부가 따지듯이 물었다.

"난 한 번도 쉬지 않고 일했는데, 이거 도대체 어떻게 된 거지?"

틈틈이 쉰 농부가 빙긋이 웃으며 대답했다.

"난 쉬면서 낫을 갈았거든."

이처럼 휴식은 그냥 노는 시간이 아니라, 낫을 가는 시간이다.

2 토니 고든의 계획 세우기

보험왕 토니 고든은 자신이 쓴《세일즈 노트》에서 다음과 같이 말하고 있다.

토니 고든은 이 글에서 약속의 중요성을 말하고 있다. 약속은 곧 활동계획이다. 끊임없이 약속을 잡는 것은 곧 부지런히 활동계획을 세운다는 뜻이다. 실제로 토니 고든은 일주일 중에 월요일부터 목요일까지 4일간 영업을 하고 금요일에는 잠재고객을 물색하여 약속을 잡고 일주일 동안 한 일을 정리했다. 〈표7〉의 토니 고든 계획표를 보라.

우선 수첩 한 장에 다음 주 영업활동 날짜를 표시한다. 잠재고객을 언제 만날 것인지를 결정하고 약속시간 칸에 적는다. 그러고 나서 15, 14, 13에서부터 시작해 1까지 아래로 적어 내려간다. 약속시간이 채워지면 숫자를 지운다. 이렇게 하면 다음 주 일정과 목표가 한 눈에 들어온다. 모든 숫자들을 0이 될 때까지 지워 나간다.

그런데 토니 고든에게는 한 가지 규칙이 있었다. 금요일에 모든 숫자들이 지워지고, 수첩에 다음 주 약속이 가득 채워질 때까지 절대로

요일	시간	약속대상	
월	10	이봉원	15
	12		14
	2		13
	4	권오만	12
화	10		11
	12	김중봉	10
	2		9
	4		8
수	10	이병식	7
	12		6
	2		5
	4		4
목	10		3
	12		2
	2		1
	4		

퇴근하지 않는 것이 그것이었다. 이 계획표를 보면, 토니 고든은 일주일에 최소 15명과 약속을 잡았다. 수첩을 보면 현재 가망고객 4명과 약속이 잡혀 12가지 숫자를 지웠다. 토니고든은 다음 주를 조절할 수 없다면 다음 달과 내년도 조절할 수 없다고 말한다.

3 활동일지

영업을 처음 하는 사람들은 주간 계획을 작성하기도 힘들지만, 활동일지를 매일매일 쓴다는 것도 여간 귀찮은 일이 아니다. 마치 아이들이 일기쓰기를 싫어하는 것과 같다. 그러나 영업에서 좋은 성과를 내려면 활동일지를 꼼꼼히 작성해야 한다. 활동일지를 써야 갈 곳이 생기고, 가망고객을 파악할 수 있고, 주간 계획를 작성할 때 참고할 수 있다.

이제 〈표8〉에 있는 활동일지 양식을 보자. 크게 증원활동과 판매활동으로 나눠져 있다. 먼저 증원활동을 보자. 어떤 증원 대상자를 만났고, 문자를 보냈고, 전화를 했는지 그리고 결과는 어땠는지를 기록하면 된다. 그 다음 옆으로 가서 통계를 낸다. 그동안 활동한 양을 기록해 놓으면 된다.

증원 대상자 구분에서 갑은 1~3달 이내에 증원할 수 있는 사람, 을은 6개월 이내에 증원 가능한 사람, 병은 언제인지는 모르지만 관심을 갖고 꾸준히 관리할 증원 대상자를 말한다. 각각의 칸에 증원 대상자를 몇 명 정도 관리하고 있는지 적으면 된다. 갑·을·병을 합쳐서 50여 명은 되어야 증원이 쉽다.

판매활동은 시간대별로 나눠져 있다. 꼼꼼히 적어야 한다. 그래야 다음 활동계획을 짤 때 도움이 된다. 아쉽거나 후회되는 점은 영업활동을 하며 반성할 것을 적으면 된다. 고객을 만나 상담을 하다 보면 '이렇게 했어야 하는데', '이런 행동은 잘못한 것 같아'라는 순간이 있다. 그런 점을 적어놓고 수시로 보게 되면 다음번의 실수를 줄일 수 있다.

그 다음으로 활동에 대한 통계를 내보자. 이는 방문 횟수, 상담 횟

활 동 일 지 작성일: 년 월 일 요일 작성자:					결 제	팀장	사장
						월 활동량	

		대상자	활동결과	전일 누계	오늘	누계
증원활동	방문					
	전화					
	문자					
	메일					

증원 대상 자 구분	갑	을	병	내일 계획	방문	기타

판매활동	9		활동 시 아쉬운 점, 후회되는 점
	10		
	11		
	12		
	1		
	2		
	3		
	4		
	5		
	6		
	7		
	8		

	방문	상담	매출액	수수료
오늘				
누계				

수, 매출액, 판매 수수료 등을 기록하는 것이다. 이것을 꾸준히 기록하면 영업활동의 생산성을 분석할 수 있다. 매출액과 판매 수수료를 각각 방문 횟수와 상담 횟수로 나누면 방문이나 상담 1회당 매출

〈표9〉 활동일지 분석자료(단위: 원)					
이름	방문	상담	매출	매출/방문	매출/상담
갑	55	28	4,068,000	73,963	145,286
을	43	10	3,214,000	74,744	321,400
병	38	7	1,235,000	32,500	176,428
정	7	7	416,000	59,428	59,428

액과 판매 수수료가 얼마나 되는지 값을 구할 수 있다. 높으면 생산성이 좋은 것이고, 낮다면 생산성이 낮은 것이니 판매 기술을 배우고 익힐 필요가 있다.

그런데 이와 같은 활동에 대한 통계는 개척판매에 항상 따라다니는 슬럼프를 극복하는 데 있어 동기부여가 되기도 한다. 판매가 되던 안 되던 방문한 곳마다 판매 수수료가 생긴다고 생각을 해보라. 방문을 했던 한 곳 한 곳이 곧 수입과 연결된다고 생각을 해보라. 개척의 지겨움에서 벗어나는 데 동기부여가 될 것이다.

〈표9〉는 활동일지를 통한 통계를 예로 든 것이다. 거기에서 갑은 1회 상담마다 매출액이 145,286이고, 을은 321,400원이다. 이것을 보면, 갑이 을에 비해 상대적으로 상담 기술이 떨어진다는 것을 알 수 있다. 을은 상담 기술은 좋지만 그에 비해 상담 건수가 너무 적다. 이는 고객발굴이나 재구매, 소개판매가 부족하다는 것을 의미하므로 이쪽에 신경을 쓰면 좋은 성과를 얻을 수 있다.

이처럼 영업활동에 대한 통계를 내보면 당신은 무엇이 부족하고 무엇이 강한지 알 수 있다. 아울러 주위의 동료들과 같이 해보면 재미도 있고 경쟁의식도 싹트게 된다. 또한 갑이나 을은 한 번 고객을 방문할 때마다 매출이 7만 원 이상 발생한다는 것을 알 수 있다. 이처럼 매력적인 사실은 통계를 내봐야 비로소 알 수 있다.

이처럼 한 곳을 방문할 때마다 수입이 생기는데 고객 방문을 왜 망설이는가. 게으름을 피울 여유가 없다. 지금 당장 고객을 만나라.

또 이에 빗대어 다른 통계도 만들어 낼 수도 있다. 예를 들어, 개척을 할 때 가망고객을 몇 번 만나야 매출이 발생하는지를 기록하는 것이다. 5번 이내에 80% 이상의 매출을 올릴 수 있다면 굳이 6번, 7번을 찾아갈 필요가 없다. 과감하게 포기하고, 다른 가망고객을 찾는 게 바람직하다.

팔지 말고
사게 하라

가망고객에게 제품이나 서비스를 사게 하는 방법은 한 가지다. 설득하면 된다. 설득은 가망고객에게 왜 이 제품을 사야 하는지, 왜 이 제품이 필요한지, 어떤 효과가 있는지, 어떤 이익이 있는지, 다른 제품과 비교하여 무엇이 우수한지 이해할 수 있도록 논리적이고 합리적으로 증거를 대는 것이다. 가망고객에게 제대로 설득했다면 고객은 즐거운 마음으로 제품을 구매할 것이다.

그런데 현장에서 영업인들을 당황스럽게 하는 것은 나름대로 합리적이고 논리적으로 설득을 해도 고객은 구매할 기미를 보이지 않는다는 것이다. 이때가 가장 난감한 순간이다. 그렇다고 그냥 물러날 것인가. 고객들은 이미 다 이해했다. 그런데 거절했다. 이유가 있을 것이다.

여기서 구매를 재촉하는 것은 '강매'다. 고객은 불편하고 짜증난다. 영업인이 조르던지, 조건을 변경하던지 해서 고객이 마지못해 구매를 했다고 치자. 영업인은 당장 계약을 한 건 해서 좋을지 모르지만 이런 거래에는 미래가 없다. 다시 그 고객을 만나기도 힘들 것이고 재구매는 물론 고객에게 좋은 평가를 받을 수도 없다. 영업인에 대한 나쁜 편견만 남는 것이다.

따라서 영업에서 설득은 영업인과 고객 모두가 만족해야 한다. 쌍방이 만족해야 영업은 성공한 것이다. 억지로 판매하거나 강제로 판매하거나 떠맡겨서 판매하는 방식으로는 가망고객에게 절대 신뢰를 얻을 수 없다.

영업인과 고객이 함께 만족한 거래가 되어야 하는 이유는 간단하다. 고객에게도 입이 있기 때문이다. 영업인과의 거래에서 불만족한 고객은 다른 사람에게 말할 것이다. 당신이 안 좋은 영업인으로 낙인찍힐 뿐만 아니라 회사 이미지도 나빠진다. 세월이 흘러 그 고객이 당신의 이름은 잊겠지만, 회사에 대한 나쁜 이미지는 잊지 못한다.

동네에서 작은 옷가게를 하는 사람을 안다. 가끔 아내의 옷이나 직원에게 선물할 옷, 스카프, 액세서리 등을 사는데, 그곳 주인은 내가 남자라서 여성용 옷이나 액세서리는 잘 모를 것이라고 생각하는 듯했다. 그래서인지 물건을 살 때마다 "사장님이라 특별히 이 가격에 드리는 겁니다", "본래 3만 원은 받아야 하는데, 사장님이 오셨으니 2만 5천 원만 받을게요"라고 했다.

처음에는 특별한 대접을 받는 줄 알고 좋아했는데, 나중에 알고 보니 그게 아니었다. 여자들에게 직접 팔 때보다 적게는 1~2만 원, 많게는 5만 원 이상을 더 받았다. 당신이 이런 일을 '당했다'면, 어떤 기분일까?

여기서 '당했다'는 표현에 주목하라. 고객은 이럴 때 백이면 백이 모두 당했다는 표현을 쓴다. 누군가에게 어떤 일을 당했다는 것은 결코 기분 좋은 일이 아니다. 이런 일을 당하면 고객은 입을 닫지 않는다. 옷 이야기가 나올 때마다 반복해서 자신이 당한 이야기를 퍼뜨릴 것이다.

영업인에게 일방적으로 이익이 되는 거래나 고객이 구매하고 싶지 않은데 억지로 구매했을 때, 그 고객은 '당했다'고 생각한다. 고객들이 바보가 아닌 다음에야 매번 당하지도 않는다. 그래서 고객을 효과적으로 설득하는 기술이 필요하다. 효과적인 설득은 고객이 만족스러운 구매를 하도록 돕는 것이다. 그중 한 가지가 바로 넛지 설득이다.

1 넛지 설득

사람들은 흔히 '무엇을 하겠다'라고 결심은 많이 하지만, 사실 행동으로 옮기는 사람은 그리 많지 않다. 예를 들어, '저축을 늘리겠다'라고 결심을 했더라도 실제 은행에 가서 적금통장을 만드는 사람은 적다. '체지방을 줄이기 위해 운동을 하겠다'라고 결심하는 사람은 얼마나 많은가. 그런데도 과체중 인구는 계속 늘고 있다. 사람들은 결심을 하고도 그 결심을 변화로 옮기지는 못한다.

이런 예는 우리 주변에서도 얼마든지 찾아볼 수 있다. 많은 이들이 '금연', '금주', '독서' 등을 결심하지만, 대부분은 작심삼일이다. 스스로 어떻게 하겠다고 결심은 했더라도 그 결심을 행동으로 옮기는 것이 쉽지도 않거니와 그 결심이 종종 개인의 판단과 선택이 틀릴 때도 있다.

이럴 때 눈치채지 못하도록 슬쩍 그 결정에 개입하여 판단을 도와주고 결정을 실행하도록 도와주는 것은 아주 유익한 일이다. 다만 그 과정이 자연스럽게 전개되어 스스로 판단하고 결정했다는 느낌이 들도록 해야 한다. 영업도 마찬가지다. 고객이 영업인의 강요로 제품을 구매하는 것이 아니라 고객 스스로 판단하고 선택하도록 유도해야 고객이 만족한다.

리처드 탈러와 캐스 선스타인은 《넛지》라는 책에서 이러한 방법을 소개하고 있다. 사전에 나와 있는 넛지Nudge 의 뜻은 '주의를 환기시키기 위해 팔꿈치로 쿡쿡 찌르다. 가볍게 자극하다. 설득하다'이다. 사람들은 상당히 형편없거나 잘못된 결정을 내릴 때가 종종 있다. 충분히 주의를 기울였거나 완벽한 정보를 가졌거나 엄청난 인식 능력과 완벽한 자기 통제력을 지녔다면 내리지 않았을 결정들 말이다.

그럴 때 넛지는 사람들에게 어떤 선택을 금지하거나 그들의 경제적 이익을 크게 변화시키지 않고 예상 가능한 방향으로 그들의 행동을 변화시킨다. 넛지는 결코 명령이나 지시가 아니다. 눈치채지 못하도록 자연스럽게 통제하는 방식이다. 자, 그럼 저자들이《넛지》에서 소개하는 사례를 한 번 살펴보도록 하자. 넛지를 이해하는데 큰 도움이 될 것이다.

금연을 위한 넛지 방법으로, 금연 희망자들에게 최소 1달러를 넣고 계좌를 개설하도록 한다. 그런 다음 6개월 동안 담배 값을 이 계좌에 입금한다. 때로는 해당 은행 직원이 매주 찾아가서 직접 수금을 할 때도 있다. 6개월 후에 고객은 소변검사로 최근에 담배를 피우지 않았음을 확인받는다.

고객이 이 검사를 통과하면 돈을 돌려받지만, 검사를 통과하지 못하면 계좌가 폐쇄되고 잔고는 자선단체에 기부된다. MIT 빈곤퇴치 실험연구소가 수행한 이 프로그램의 초기 성과는 매우 낙관적이었다. 계좌 하나를 개설함으로써 금연을 원하는 사람들의 목표 달성 가능성이 53%로 올라갔기 때문이다.

다른 금연방법으로는, 심지어 니코틴 패치로도 이 정도 성공은 거두지 못한 것으로 나타났다. 여기서 금연을 결심하고, 통장을 개설하는 것까지는 자기결정의 법칙이 작용한 것이다. 그러나 6개월 후 검사에서 흡연 사실이 들통나면 잔고를 자선단체에 기부하는 것은 넛지 방법이다. 금연에 대한 결심과 통장 개설을 강요하지 않으면서도 자연스럽게 금연을 유도한 것이다.

미국 스탠포드 대학의 경영대학원에서 조직행동론을 강의하는 칩 히스와 그의 동생 댄 히스는《스위치》라는 책에서 넛지를 이용하여 암에 걸린 청소년들에게 효과적으로 항암제를 복용시킨 사례를 자세히 소개하고 있다. 암에 걸린 청소년들이 병원에서 치료를 받고 퇴

원을 하면 순조로운 회복과 재발 방지를 위해 꼬박꼬박 약을 챙겨먹어야 한다. 때로는 항생제와 소량의 화학 약물을 2년간 복용해야 할 때도 있다.

그러나 많은 청소년들이 그것을 제대로 지키지 않는다. 약물 복용법을 지키는 일이 쉽지 않거니와 화학 약물이 불러오는 부작용에 대한 두려움 때문이다. 소량이라 하더라도 항암제는 메스꺼움, 피부발진, 무력감, 과민반응 같은 부작용을 일으킬 수 있다.

하지만 이러한 부작용은 병원에서 받는 끔찍한 화학 치료에 비하면 아무것도 아니다. 그리고 항암제 복용을 게을리 하면 암이 재발할 위험도 있다. 전문가들은 약물 복용을 20%가량 거를 경우, 암 재발 가능성이 20% 높아지는 게 아니라 200%나 높아진다고 말한다. 그러므로 청소년들에게 약물 복용을 거르지 않게 하는 것은 매우 중요하다.

그래서 만든 것이 비디오 게임이었다. 전문가들은 수개월간의 노력 끝에 리미션Re-Mission이라는 게임을 개발했다. 이 게임 속에서 아이들은 은색 옷을 입은 작은 로봇 주인공 록시가 되어 혈관을 타고 돌아다니면서 광선총으로 암세포를 해치운다. 리미션은 20개 레벨로 구성되어 있고 각 레벨마다 정보 제공을 포함해 한 시간씩 진행된다.

이 리미션이라는 게임은 청소년들의 항암제 복용 준수율을 높였다. 게임을 한 아이들은 혈류 안에 존재하는 항암제 성분의 양이 20% 증가했다. 그리 대단한 수치가 아닌 것처럼 들릴지도 모르지만, 복용 준수율의 작은 변화는 아이들의 건강 측면에서 커다란 차이를 낳는다. 만일 복용 준수율이 20% 높아지면 암이 완치될 확률이 2배

증가한다.

그렇다면 어떻게 이런 결과가 나왔을까? 아이들은 게임을 하면서 암세포와 용감하게 싸우는 로봇 록시가 된다. 항생제와 약물을 복용함으로써 광선총에 연료를 주입한다. 약이 파워 역할을 한다. 리미션은 청소년에게 항암제 복용을 강요하지 않으면서 자연스럽게 약물을 복용할 수 있도록 동기부여를 한 것이다.

그렇다면 이런 넛지를 영업조직에서는 어떻게 활용할 수 있을까? 방문을 통해 건강기능식품을 판매하는 영업인들에게 고객의 건강상태를 상담해주는 것은 중요한 업무 중 하나다. 예전에는 질문지 형식을 한 설문지에 고객이 답변을 하면 그것을 근거로 고객의 건강을 상담하고 적절한 건강기능식품을 권하는 방법을 사용했다.

하지만 이 방법은 자신의 건강에 관심이 많은 고객들에게는 어느 정도 먹혔으나 자신의 건강상태를 자신하거나 잘 모르고 있는 잠재고객들에게 접근하는 데는 한계가 있었다. 그래서 나온 것이 신체 한 부분을 관찰하여 고객의 건강상태를 알아내고 상담하는 것이다. 설문지 방법보다 쉽게 고객의 관심을 유도할 수 있어 많이 쓰이고 있다.

그중에 '이혈요법'이란 것이 있다. 사람 귀에는 발가락부터 머리까지 모든 부위에 해당하는 경혈점이 있다. 이혈요법은 그 혈 자리에 사혈을 하거나 활기석이라는 볼펜심 같은 조그만 돌멩이를 붙이는 방법이다. 그러면 그 자리에 대응하는 장기가 활성화하여 병증을 호전시킬 수 있다.

이것은 세계보건기구WHO 에서 정식적인 의료 행위로 인정한 것이다. 병증이 20~30%만 진행되어도 귀를 보고 진단할 수 있고, 전문가는 90%의 정확한 진단을 내릴 수 있다고 한다. 이렇게 유용한 방법이지만, 정작 작은 귀에 다닥다닥 붙어 있는 150여개의 경혈 자리를 외우고 생소한 용어를 공부하는 수고를 필요로 한다.

그래서 의욕적으로 배우려고 하다가도 몇 번 강의를 진행하면 중도에 포기하는 사람들이 많다. 그러나 분명한 것은 이혈요법을 충분히 익히고 영업활동을 하는 영업인들은 확실히 매출액이 향상된다는 사실이다.

그렇다면 이렇게 분명히 효과가 있는데도 중간에 포기하는 사람들에게 어떻게 과정을 이수하고 이것을 활용하여 좋은 성과를 올리도록 동기부여를 할 수 있을까? 방법은 간단하다. 이혈요법을 익히고 나면 매출 실적을 향상시킬 수 있다고 강조하는 것보다 실제로 전 과정을 수료한 사람이 이혈요법을 사용하여 얼마나 매출의 신장을 가져왔는지 증명하면 된다.

이 방법은 실제로 유니베라의 한 대리점에서 시용했던 방법이다. 이혈요법을 처음 수강 신청한 영업인들이 10여 명 있었는데, 끝까지 수료한 사람은 단지 1명에 그쳤다고 한다. 어느 조직에서나 배우기를 좋아하는 사람이 한 명 정도는 있기 때문이다. 그 대리점 책임자는 과정을 수료한 영업인이 영업활동에서 이혈요법을 활용하여 매출이 신장되는지 안 되는지를 지속적으로 관찰해 그 추이를 지켜보았다. 그 결과 매출이 평균 30% 정도 늘어났다.

이 사실을 수강을 포기했던 다른 영업인들에게 보여주었다. 더욱이 그 영업인으로 하여금 자신이 이혈요법을 활용하여 어떻게 성과를 올렸는지 사례를 발표하도록 했다. 그러고 나서 다시 프로그램을 진행했다.

그랬더니 두 번째 프로그램에서는 수강 신청을 했던 모든 영업인들이 수료를 했다고 한다. 대리점 매출이 급상승한 것은 두말할 나위도 없었다. "이혈요법은 꼭 필요합니다", "반드시 여러분이 익혀야 합니다"와 같은 말로 강요를 하거나 스트레스를 주지 않고 적절히 넛지를 사용하여 동기부여를 한 것이다.

이 정도면 이제 당신도 넛지가 무엇인지 충분히 이해했을 것이다. '고객으로 하여금 영업인이 취급하는 제품을 사도록 자연스럽게 유도하는 것' 정도로 넛지 설득을 이해하면 되겠다. 그러므로 넛지 설득은 영업인이 취급하는 제품이나 서비스를 고객이 사고 싶도록 만드는데 초점을 맞추어야 한다.

물론 설득만으로 되는 것은 아니고 영업의 모든 과정, 즉 첫인상을 좋게 하여 고객의 마음을 열게 하고, 고객에게 신뢰를 얻고, 꾸준한 고객관리 등 모든 것이 복합적으로 작용했을 때 고객은 사고 싶은 욕구가 생긴다. 평소 고객의 신뢰를 얻지 못한 영업인이 넛지 설득을 멋있게 한다고 해서 고객의 마음이 움직이는 것은 아니다.

마찬가지로 세일즈의 모든 과정에서 오로지 설득만 잘 하고 그저 말만 잘한다고 해서 고객이 신뢰하는 것은 아니다. 설득을 하기 전에 고객의 신뢰를 얻는 것이 우선이다. 그 후 설득을 멋있게 한다면 고객은 사고 싶어 할 것이다. 그렇다면 넛지 설득을 잘하려면 어떻게 해야 할까? 다음의 3가지가 필요하다.

1) 고객에게 맞는 장점, 특징을 이야기하라

제품마다 특징이 있다. 당신이 취급하는 제품의 최고 특징은 무엇인가? 그러나 그 특징이 당신에게는 최고가 될지 모르지만, 고객에게는 다를 수 있다.

가령, 영업인이 고객에게 팔고자 하는 자동차가 있다고 치자. 영업인은 연비가 높은 것을 가장 큰 특징이라고 생각하지만, 고객은 연비가 아니라 디자인일 수 있다. 연세가 많으신 어르신에게 아무리 기능이 다양한 휴대전화를 권하며 복잡한 기능을 설명한들 무슨 소용이 있겠는가. 어르신들은 그저 간단하고 글씨가 큰 것을 사고 싶어 한다.

따라서 영업인이 취급하는 제품의 최고 특징은 고객이 가장 필요로 하고, 가장 갖고 싶어 하는 이유여야 한다. 고객이 아무런 관심이 없는 것을 설득한들 무슨 소용이 있겠는가. 따라서 효과적인 설득을 하려면 먼저 고객이 무엇을 원하는지 알아야 한다. 그러고 나서 "고객님이 원하는 제품이 바로 이것입니다"라고 해야 좋은 설득이 된다.

건강기능식품을 파는 데 있어 고객이 가장 중요하게 생각하는 것은 당연히 건강이다. 따라서 영업인은 고객의 건강문제에 초점을 맞추고 이를 해결할 수 있는 건강기능식품의 효능을 부각시켜야 한다. 고객이 구매를 하는 이유는 제품이나 서비스가 주는 유용성 때문이다. 고객은 제품 자체가 좋다고 해서 구매하지는 않는다.

가령, 텔레비전을 산다고 가정해 보자. 고객이 텔레비전을 사는 이유는 많다. 텔레비전의 오락성에 초점을 맞추는 고객도 있고, 텔레비전의 전시성에 초점을 맞추는 고객도 있을 것이다. 이것은 고객이 그 제품을 구매하는 이유가 된다.

오락성에 초점을 맞춘 고객은 텔레비전의 선명도가 관심사가 될 것이다. 좋은 화질은 그만큼 텔레비전 보는 즐거움을 더하기 때문이다. 그러나 전시성에 초점을 맞춘 고객은 집을 방문한 손님에게 텔레비전을 자랑할 수 있느냐가 관심사가 될 것이다. 그 고객에게는 텔레비전이 어느 회사 제품인지, 화면의 크기가 어느 정도인지 등이 중요하다.

따라서 텔레비전을 파는 영업인은 고객의 이러한 욕구를 제대로 파악해 설명을 해야 한다. 전시성에 관심을 맞춘 고객에게 텔레비전의 성능이 어떻고 전기를 절약하는 것이 어떻다는 설명을 아무리 한들 무슨 소용이 있겠는가.

시계를 살 때도 단순히 시간을 보기 위해 사는 사람이 있다. 이런 사람에게는 시간만 잘 맞으면 된다. 디자인이나 소재는 필요 없다. 가격도 쌀수록 좋다. 그런데 시계를 살 때 자신의 멋진 모습을 상상하고 친구들의 부러움을 사고 싶은 사람도 있다. 이런 사람에게는 고급 시계를 권해야 한다. 가망고객이 시계를 사는 목적이 다른데 무조건적으로 제품을 설명해서는 구매 욕구를 자극할 수 없다.

따라서 효과적으로 설득을 하기 위해서는 고객의 구매 욕구를 만족시킬 수 있는 핵심적인 언어를 만들어 내는 것이 중요하다. 길게 주절주절 하는 것은 판매에 전혀 도움이 되지 않는다. "스테이크를 팔지 말고 지글지글을 팔라"는 말도 실상은 그저 스테이크의 특징을 제대로 이야기하라는 말에 지나지 않는다.

'지글지글'이란 단어를 생각할 때 당신의 뇌에서는 어떤 연상 작용이 일어나는가. 아마 고기가 지글지글 익고 있는 장면이 생각나고, 고기 냄새가 느껴져 입안에 침이 돌기 시작할 것이다. 이러면 고기를 사먹지 않을 수 없다. 여기서 보자면, '지글지글'이란 단어는 고객이 고기를 사먹도록 유도한 넛지가 된다.

이제 건강기능식품으로 들어가 보자. 고객들이 건강기능식품에 대해 갖는 안 좋은 이미지 중 한 가지는 만병통치약이라는 이미지다. 하나의 제품이 고객의 모든 질병을 낫게 할 수 있다고 과장하는 것은 건강기능식품을 파는 데 있어 자주 일어나는 일 중의 하나다.

여기에는 물론 하나라도 더 팔겠다는 영업인들의 잘못이 크다. 고객의 문제와 필요를 알고 적절하게 고객의 구매 욕구를 자극하여 고객이 제품을 사도록 유도하는 넛지 설득을 했다면, 이런 부정적인 이미지는 심어 주지 않았을 것이다. 다음의 〈사례 1〉과 〈사례 2〉를 한번 비교해 보자.

【사례 1】

영업인: ○○회사에서 왔습니다. 고객님의 건강문제를 상담해 드리려고요. 고객님, 변비 있으시죠?

고고객: 어머! 어떻게 아셨어요? 요즘 변을 보지 못해 고생이 심해요.

영업인: 알로에 드세요. 일주일만 드시면 다 해결돼요.

고　　객: 그래요? 소화도 안 되는데…….

영업인: 우리 알로에 드셔 보세요. 알로에는 변비에도 좋고, 소화도 잘 되게 하고,

면역력도 키워 주고, 혈액순환도 잘 되게 하고, 심장도 튼튼하게 해줘요.

고　　객: 그런 약이 어디 있어요? 알로에가 만병통치약인가?

【사례 2】

영업인: ○○회사에서 왔습니다. 고객님의 건강문제를 상담해 드리려고요. 고객

님, 변비 있으시죠?

고　　객: 어머! 어떻게 아셨어요? 요즘 변을 보지 못해 고생이 심해요.

영업인: 변비로 고생한지 얼마나 되셨어요? 다른 약은 드셔 보셨나요?

고　　객: 한참 되었어요. 병원에서 주는 약을 이것저것 먹어 봤지만, 그때뿐이

고…….

영업인: 혹시 알로에 드셔 보셨어요? 알로에가 변비에 좋다는 말은 들어 보셨죠?

고　　객: 좋다고는 하지만, 효과가 없다는 사람들도 있고……. 그런데 사실 변비

도 변비지만, 뭘 먹어도 소화가 안돼서 걱정이에요. 병원에 가서 위 내시

경도 해봤지만, 아무 이상도 없고. 이것만 고치면 참 좋겠는데.

영업인: 고객님, 알로에의 가장 큰 특징은 위와 장을 튼튼하게 만드는 거예요. 사

실 변비는 별 것이 아닌 것 같아도 다른 질병을 일으킬 수 있는 위험한 거

예요. 고객님의 걱정거리를 한 방에 해결해 드릴 수가 있는데. 제가 도와

드릴까요?

고　　객: 그게 뭔데요?

위의 두 가지 상담 사례를 보면서 차이점을 발견했는가?

〈사례 1〉은 고객이 자신의 문제를 말하자마자 영업인이 곧 바로 해결책을 이야기하고 있다. 그뿐인가. 고객의 변비문제를 해결하는 것 외에 부가적인 효능까지 열거하면서 만병통치약이라는 부정적인 이미지를 심어 주고 있다. 이미 상담은 실패의 길로 들어섰다.

〈사례 2〉를 보자. 고객이 문제를 말해도 바로 해결책을 제시하지 않고 추가적인 질문을 해서 고객의 문제를 확대하고 있다. 뿐만 아니라 지금 고객이 가지고 있는 문제가 앞으로 어떤 결과로 이어질지 위기감을 갖게 하고 있다. 무엇보다도 고객이 현재 가지고 있는 문제에 집중하고 있는 것이다. 고객은 영업인의 질문과 설명을 들으며 점점 호기심을 키우고 있다. 상담에 성공할 확률이 높다.

그런데 고객은 성격에 따라 소비습관이 다르다. 예를 들어, 조심스럽고 보수적이며 새로운 것에 개방적이지 않은 고객들은 구매를 결정할 때도 절대 충동구매를 하지 않으며 심사숙고한다. 게다가 제품의 질을 따지며, 소비나 구매습관을 어지간해서는 바꾸지 않는다. 이런 고객은 생각을 많이 하고 제품을 구매하지만 한 번 신뢰를 하면 단골고객이 되고 충성고객이 된다. 성격에 따른 대응요령은 4장에서 자세히 다룰 것이다.

2) 구체적인 사례를 이야기하라

적절한 사례는 좋은 넛지 설득이 된다. 당신이 취급하는 서비스나 제품으로 효과를 보았거나 이익을 얻은 사례를 구체적으로 이야기하면 그만큼 효과도 크다. 적절한 예도 마찬가지다.

가령, 텔레비전에서 하는 〈생로병사의 비밀〉이란 프로그램은 건강기능식품을 다루는 사람들이라면 꼭 보아야 할 프로그램이다. 거기서 필자는 한국인의 칼슘 섭취에 대한 내용을 본 적이 있었다. 이 프로그램을 본 사람이라면 누구나 칼슘제를 먹어야겠다고 생각했을 것이다. 칼슘제를 안 먹었을 때의 위험성을 여러 가지 실제 사례를 들어 설명하고 있었기 때문이다.

일반적인 사람들은 평소 식사만 가지고는 칼슘을 충분히 섭취할 수 없으므로 반드시 칼슘 보조제를 먹는 게 필요하다는 데 수긍할 것이다. 만약 이 프로그램이 그러한 사례도 없이 칼슘의 중요성, 칼슘이 몸 안에서 하는 일, 칼슘 부족이 일으키는 위험성을 이론으로만 설명했다면 시청자들에게 공감을 얻기는 힘들었을 것이다. 그렇게 본다면, 문제 제기와 적절한 사례가 고객의 구매 욕구를 일으키는데 중요한 셈이다.

흔히 우리가 자주 접하는 이용 전과 이용 후 사진을 보여주는 것도 사례를 이야기하는 것이라고 할 수 있다. 성형외과나 비만 클리닉 등에서는 대개 이러한 사진을 비교하여 고객들에게 그 효과를 설명한다. 다음의 〈사례 1〉과 〈사례 2〉를 한 번 비교해 보자

【사례 1】

영업인: 고객님은 칼슘이 필요해요.

고　　객: 아직 뼈 튼튼한데……. 뼈가 부러진 적이 한 번도 없어요. 칼슘은 안 먹

어도 돼요.

영업인: 젊었을 때는 괜찮지만, 이제 고객님도 나이 50이 넘으면서 여성 호르몬
이 많이 줄었잖아요. 우리나라 사람들은 필요한 칼슘량의 70~80% 정도
밖에 안 먹는데요. 그나마도 여성 호르몬이 부족하면 뼈는 점점 약해져
요. 고객님은 뼈의 건강을 위해 무엇을 하시나요?

고 객: …….

영업인: 고객님, 뼈의 건강을 위해서는 저희 회사에서 나오는 칼슘제를 꼭 드셔
야 해요. 칼슘이 흡수가 잘 되고…….

고 객: …….

【사례 2】

영업인: 고객님은 칼슘이 필요해요.

고 객: 아직 뼈 튼튼한데……. 뼈가 부러진 적이 한 번도 없어요. 칼슘은 안 먹
어도 돼요.

영업인: 고객님도 아시죠? 207호에 사시는 OO엄마. 자전거를 타고 가다 다른
자전거와 부딪쳐서 넘어졌는데, 다리가 뿌려졌대요. 큰 충격도 아니었는
데……. 병원에서 치료를 받으며 골밀도 검사를 했더니 뼈가 60대 후반
뼈라는 거예요. 자기 뼈가 그런 줄 몰랐대요. 그런데 우리나라 중년 여성
들의 칼슘 섭취량이 기준치의 70~80% 정도밖에 안 된대요. 평상시에는
모르는데 넘어지거나 사고가 나면 큰일이 나는 거죠. 그래서 예방이 필
요하죠. 고객님 주변에도 뼈가 부러져서 고생하시는 분이 한 분 정도는
계시잖아요. 젊었을 때, 뼈의 관리를 소홀히 하면 그렇게 돼요.

고　　객: 그래요. 나도 검사를 받아봐야겠네.

영업인: 모든 게 다 그렇지만 예방이 중요하잖아요.

고　　객: 뭐 좋은 방법 있나요?

〈사례1〉은 칼슘이 왜 필요한지만 설명하고 있다. 이런 방법은 지루하고 재미가 없다. 하지만 〈사례2〉는 구체적인 사례를 설명하고 있어 가망고객의 구매 욕구를 지극할 수 있다. 이렇게 사례를 이야기하려면 신문이나 잡지를 눈여겨보며 고객에게 이야기할 거리를 많이 만들어야 한다. 그리고 써먹을 만한 사례를 찾아 미리 연습해야 한다.

자, 그럼 이제 고객에게 이야기할 사례를 종이 위에 한 번 써보라. 그리고 자신의 언어로 연습을 해보라. 이야기를 재밌게 잘하는 사람들은 어떻게 하는지 관찰을 해보라. 그들의 표정, 손짓, 말투를 따라서 해보라. 이것은 고객을 만났을 때 분명히 도움이 될 것이다.

3) 체험하게 하라

보여주고 설명하는 방법에는 한계가 있다. 고객이 직접 제품의 특징이나 효능을 체험하게 하면 구매할 확률은 높아진다. 자동차를 직접 시승하게 한다거나 화장품 견본을 사용하게 하는 것이 모두 이에 해당한다. 정수기나 비데기를 렌탈하는 회사들이 한 달간 무료로 사용하도록 유도하는 것도 이와 같은 맥락이다.

유니베라 수지대리점의 김영중 지부장은 고객이 직접 체험하도록 해 월 수백만 원어치의 건강기능식품을 판다. 김 부장은 가망고객 앞에서 건강기능식품을 자주 먹는다. 건강기능식품을 먹어본 사람은 알지만, 캡슐을 포장용기에서 뺄 때 '딱딱' 하는 소리가 난다.

김 부장은 이 소리를 가능한 한 크게 들리도록 해서 고객에게 호기심을 유발한다. 호기심이 생긴 가망고객이 "뭘 그렇게 먹어요?"라고 질문하면, 그때 비로소 "한 번 드셔보실래요?"라며 '딱딱' 하는 소리와 함께 캡슐을 따서 고객에게 준다. 고객은 그것을 먹으며 이게 어디에 좋으냐고 질문한다. 그러고 나면 김 부장은 자연스럽게 제품의 효능을 설명한다.

때때로 빈손으로 영업을 시도하는 것도 중요하다. 전단지나 샘플도 없이 오직 맨손으로 만나 그냥 고객의 이야기만 듣는 것이다. 그러다 보면 제품이 아니라 오로지 고객이 가진 문제에 초점을 맞출 수 있다.

가망고객을 보자마자 전단지나 상품 설명서를 건네고 제품을 설명하려고 하지 마라. 먼저 고객을 이해하라. 고객에게 말을 시키고 고객의 말을 경청하라. 그러면 고객은 자신이 존중받고 있다고 느낄 것이다. 그런 다음에 제품에 대한 이야기를 해도 늦지 않다.

다시 한 번 강조한다. 고객에게 구매를 강요하는 방법은 이제 더 이상 통하지 않는다. 연고판매에서야 간혹 강매가 이루어지지만, 그런 방식은 일회성일 뿐이다. 결코 재구매가 일어나지 않는다. 따라서 고객이 스스로 선택하도록 유도를 해야 한다. 영업은 제품을 판매하는 것이 아니라 고객이 제품을 사게 만드는 것이다. 여기에 가장 들어맞는 것이 넛지 설득이다.

2 질문 설득

영업에서 질문은 중요하다. 질문하지 않고는 아무것도 팔 수 없다. 여러 번 말한 것처럼 영업은 고객의 문제를 해결하는 일련의 과정이다. 따라서 영업인이 제일 먼저 해야 할 일은 고객이 지닌 문제를 알아내는 것이다. 그 문제를 알려면 고객에게 우선 "문제가 무엇입니까?"라고 질문을 해야 한다.

질문은 고객의 문제와 필요를 알아낼 수 있는 최고의 방법이다. 질문법은 필자의 첫 번째 책인《영업, 질문으로 승부하라》에서 자세히 설명했다. 이 책을 이미 읽었다면, 이 부분은 건너뛰어도 좋다. 그러나 아직 읽지 못했거나 다시 한 번 보기를 원하는 영업인이라면, 이 부분이 도움이 될 것이다.

가망고객을 처음 만났다면 다음과 같은 질문들이 아주 유용하다.

- 현재 고객님의 가장 어려운 문제는 무엇입니까?
- 언제부터 이런 문제가 있었습니까?
- 위가 안 좋아 보이는데, 어떤 증세가 있습니까?
- 평소 피곤하거나 나른하지 않습니까?
- 대변은 잘 보시나요?

고객은 이런 질문을 받고 그에 답변하는 과정에서 스스로 문제를 깨닫게 된다. 그뿐 아니라 고객은 그 질문에 답변을 하면서 문제의 해결방법을 생각하게 된다. 그렇게 해서 고객이 자신의 문제를 깨닫고 당신이 취급하는 제품이 자신의 문제를 해결할 수 있다고 생각하면 구매하는 것이다.

하지만 고객의 문제를 알아내는 질문을 할 때도 요령이 있다. 다짜고짜 "고객님 간이 안 좋으시죠?"라고 하는 것은 고객을 놀라게 할 뿐 아니라 본능적으로 자신의 문제를 숨기게 만든다. 따라서 고객에게 문제에 대해 물을 때는 조심스럽고 정중하게 해야 한다.

가령, "간이 안 좋으시죠?"라고 하지 말고 "고객님 많이 피곤해 보이시는데, 그러신가요?"나 위염이나 위궤양 증세가 보이면 "고객님 혹시 속이 쓰리거나 답답한 증세를 느끼십니까?"라고 묻는 것이 요령이다. 병명을 묻지 말고 고객이 느끼고 있는 증세를 묻는 것이 문제에 대한 질문의 핵심이다.

당신이 고객의 문제를 탐색하는 질문을 하는 이유는 고객을 이해하기 위한 것이다. 더 많은 것을 알아야 고객을 더 잘 이해할 수 있다. 그리고 고객을 충분히 알고 이해해야 필요한 해결책을 제시할 수 있다.

하지만 해결책을 제시할 때 주의할 것은 성급함이다. 구매 욕구가 충분하지 않은 상태에서 급하게 해결책을 제시하면, 오히려 고객의 구매 욕구를 떨어뜨릴 수 있다. 고객이 자신의 문제를 알았다고 해서 구매 욕구가 강해지는 것은 아니다. 구매 욕구가 강하지 않은 상태에서 해결책을 제시하는 것은 구매 거부로 이어질 수 있다.

그러므로 고객의 문제를 정확히 알기 위해서는 추가적인 질문이 필요하다. 가령, 대장이 안 좋은 고객을 만났을 때는 다음과 같이 질문을 해보자.

영업인: 변비가 있으신가요? 아니면 설사를 자주 하시나요?

고　객: 대변을 보기가 어렵습니다.

영업인: 며칠에 한 번 대변을 보시나요?

고　객: 2~3일에 한 번이요.

영업인: 식사를 하실 때 채소를 많이 드시는 편인가요?

고　객: 식사량은 적당한 것 같은데……. 요즘은 채소도 많이 먹으려고 하고, 잠

　　　　자기 전에 물도 충분히 먹는데, 고쳐지지가 않네요.

영업인: 소화는 잘 되는 편인가요? 방귀 냄새가 심하거나 속이 더부룩하거나 가

　　　　스가 차지는 않나요?

고　객: 맞아요. 항상 속이 꽉 찬 느낌이에요.

이렇게 질문으로 고객을 알아가는 과정이 중요하다. 추가적인 질문도 없이 냉큼 "우리 제품 중에 변비에 좋은 게 있는데……"라고 하는 것은 고객의 구매 욕구를 감퇴시킬 수 있다. 다음의 예를 한 번 더 보도록 하자.

고　객: 요즘 조금만 걸으면 숨이 차요.

영업인: 그래요? 고객님 그것은 심장이 안 좋아서 그러는 거예요. 우리 회사에
심장을 좋게 하는 제품이 있는데, 이것만 먹으면 숨이 차는 것이 싹 없어
져요.

고 객: …….

이렇게 고객의 문제를 하나 발견했다고 해서 바로 해결책을 제시
하면 고객은 할 말을 잃는다. 냉랭해진다. 이때도 추가적인 질문이
필요하다. 고객이 숨이 차는 증세가 언제부터 나타났는지, 숨이 차는
정도가 어느 정도인지, 심장질환에 관한 가족력이 있는지, 평소에 운
동을 하는지, 식습관은 어떤지 말이다.

이때도 주의할 것이 있다. 경찰관이 범인을 심문하듯 하면 안 된
다. 고객이 자연스레 자신의 이야기를 털어놓도록 해야 한다. 하지만
고객이 자신의 이야기를 어려움 없이 하려면 신뢰관계를 형성하는
것이 중요하다. 고객은 당신이 믿을만하다고 생각하면, 자연스레 자
신의 이야기를 털어놓을 것이다.

만약 당신 앞에 있는 고객이 아직 그렇지 않다면 처음부터 다시 시
작해야 한다. 제품을 상담하기 전에 '어떻게 하면 고객의 신뢰를 얻
을 수 있을까?'라고 자신에게 질문해야 한다.

그렇다면 고객의 문제를 충분히 알았다고 해서 바로 해결책을 제시
해야 할까? 아직은 이르다. 아직 사다리 꼭대기에 오른 것이 아니다.
올라야 할 사다리가 남았다. 문제를 알아냈다면, 이제 그 문제의 심각
성을 고객에게 알려야 한다. 이때 하는 질문이 바로 심화질문이다.

심화질문은 현재 고객이 안고 있는 문제의 심각성을 알려 제품의 필요성을 강조하기 위한 질문이다. 지금 고객의 문제가 개선되지 않는다면 앞으로 어떠한 결과를 초래할지 분명히 알려줘야 한다. 그래야 이런저런 핑계를 대며 구매를 미루는 고객에게 결정을 앞당기도록 유도할 수 있다.

여기서 핵심은 지금 구매하지 않으면 앞으로 더 큰 문제가 발생할지 모른다는 사실을 알려주는 것이다. 심화질문은 고객에게 부담을 주려는 게 아니라 문제를 해결해 고객에게 이익을 주기 위함이다.

고   객: 요즘 팔다리가 저리네요.

영업인: (탐색질문) 자주 그러시나요?

고   객: 네, 특히 잠을 자다가 다리에 쥐가 나서 깬 적도 있어요.

영업인: (탐색질문) 손발이 차갑지는 않고요?

고   객: 그건 괜찮은 것 같아요.

영업인: (탐색질문) 혈압은 정상이신가요? 콜레스테롤은요?

고   객: 잘 모르겠어요. 혈압은 조금 높은 편인데, 콜레스테롤 수치는 재본 적이 없어서…….

영업인: (심화질문) 혈액순환에 문제가 있는 것 같은데, 혈압이 높거나 콜레스테롤 수치가 높으면 혈액순환에 어떤 문제를 일으키는지는 알고 계시죠?

고   객: 혈관을 막아 혈액순환을 방해하지 않을까요, 또 혈압이 높으면 위험하잖아요.

영업인 : 맞아요. 혈압이 높으면 나중에 중풍이나 심장병을 일으킬 수도 있어요.

우리나라에서는 사망 원인 2, 3위가 뇌졸중과 심장병인데, 모두 혈액순환이 안 되서 발생하는 것이죠. (탐색질문) 혹시 부모님나 조부모님 중에 심혈관계 질환을 앓았던 분이 계신가요?

위의 대화처럼 탐색질문과 심화질문을 적절히 활용하여 혈액순환 장애가 얼마나 위험한지, 그리고 이 문제가 앞으로 어떠한 심각한 질환을 초래하는지 질문을 하면 고객은 답변을 하며 스스로 그 심각성을 깨닫게 된다. 이를 통해 고객은 단순히 팔다리 저린 것이 그것으로 끝나지 않고 앞으로 심각한 문제를 초래할 수 있다는 위기감을 갖게 된다.

그런데 심화질문을 잘 하기 위해서는 두 가지가 필요하다. 첫 번째는 취급하는 제품이 고객의 어떤 문제를 해결할 수 있는지 정확히 알아야 한다. 영업인이 취급하는 제품에 확실한 지식이 없다면 절대로 심화질문을 할 수 없다. 전문가적인 식견으로 고객의 잠재의식 속에 머물고 있는 문제를 끄집어내 그것 때문에 앞으로 어떠한 문제가 초래하고, 그 문제가 앞으로 어떤 영향을 끼칠지 스스로 깨닫게 해야 고객의 구매 저항을 최소화 할 수 있다.

심화질문을 위해 필요한 두 번째는 철저한 준비다. 제품별로 심화질문을 만들고 연습하여 몸에 배도록 해야 한다. 또한 고객을 상담하기 전에 어떤 심화질문을 할지 계획을 미리 세워야 한다.

이때 우리가 조심하고 명심해야 할 것은 고객의 문제를 확대하고 증대시켜 고객에게 겁을 주거나 근심스럽게 해서는 안 된다는 점이다. 심화질문은 영업인이 고객을 더 많이 이해하여 적절한 해결책을 마련하기 위한 방법으로 사용해야 한다.

그렇다면 심화질문은 어떻게 활용할 수 있는 것일까? 다음에 나오는 〈사례1〉과 〈사례2〉를 한 번 보자.

【사례1】

영업인: (탐색질문) 혹시 속이 쓰리거나 답답하지 않으세요?

고　객: 알로에가 위장병에 좋다는 말은 들었어요.

영업인: 네. (탐색질문) 증세가 어떠신가요?

고　객: 속이 쓰려요. 병원에서 처방을 해주는 약을 먹어도 그때뿐이고…….

영업인: (탐색질문)얼마나 오래되셨나요? 속이 쓰리기 시작한 게.

고　객: 글쎄요? 한참 됐지요.

영업인: (탐색질문) 다른 증세는 없고요? 예를 들어 속이 더부룩하다던가, 가스
　　　　가 많이 찬다든가 하는 것이요.

고　객: 소화불량은 있어요. 특히 과식했을 때…….

영업인: (심화질문) 모든 염증을 조기에 치료해야 하는 것은 아시죠? 작은 것이
　　　　라도 너무 오랫동안 방치하면 큰 병이 될 수도 있어요.

고　객: 맞아요. 모든 질병은 초기에 잡는 게 필요하죠. 그런데 병원에서 주는 약
　　　　은 치료가 안 되니 나도 답답해요.

〈사례1〉은 영업인이 고객에게 위궤양이 있다는 사실을 알았다고 해서 바로 제품에 대한 설명으로 들어가지 않고 고객의 증세를 정확

히 알기 위해 몇 가지 탐색질문을 추가로 하고 있다. 그 뒤에 위궤양을 초기에 잡지 못하면 더 큰 병으로 발전할지도 모른다는 사실을 알려줬다.

【사례2】

영업인: (탐색질문) 무릎이 아프지 않으세요?

고　객: 아프지 왜 안 아프겠어요.

영업인: (탐색질문) 올해 연세가 어떻게 되세요?

고　객: 많아. 늙으면 다 아프지 뭐.

영업인: (탐색질문) 혈압은 정상이세요? 혹시 팔다리가 저리지 않으세요?

고　객: 혈압약을 먹으니까 혈압은 정상이지.

영업인: (심화질문) 혈액순환이 안 되면 관절이 더 아프다는 것은 알고 계시죠?

고　객: 아 그래?

영업인: (탐색질문) 무릎이 붓지는 않으세요?

고　객: 붓고 쑤시고……. 아파서 잠을 못잘 때도 있어.

영업인: 혈액순환이 안 되면 관절염은 더 심해져요. (심화질문) 그래도 지금 적절한 조치를 취해야지 너무 늦으면 수술해야 하는데, 알고 계시죠?

고　객: …….

영업인: (심화질문) 혹시 주변 분들 중에 관절을 수술하신 분들 계시죠? 수술을하면 돈은 돈대로 들고 고생은 고생대로 하고……. 그렇다고 완벽하게낫는 것도 아니래요.

〈사례2〉는 심화질문으로 혈액순환장애가 관절염을 더 악화시킨 다는 점을 고객에게 알렸고, 지금 적절한 조치를 미루면 병원에서 수 술을 해야 한다는 사실을 알려 고객의 구매 동기를 자극하고 있다.

탐색질문과 심화질문으로 고객은 자신에게 어떤 문제가 있는지, 그리고 그 문제가 앞으로 어떤 영향을 끼치게 될지 알게 되었다. 이 쯤 되면 고객은 이제 자신의 문제를 어떻게 해결해야 할지 궁금해진 다. 이제 곧 "그러면 어떻게 하면 되죠?", "내 문제를 해결할 수 있는 좋은 방법이 있나요?"라고 물을 것이다.

그러나 조금만 참으라. 제품을 설명하기 전에 할 일이 아직 남아 있다. 이제 해결질문이 필요할 때다. 해결질문은 현재 고객이 가진 문제가 해결되면 어떤 이익이 있는지를 좀 더 명확하고 구체적으로 깨닫게 한다. 앞에서 한 질문들이 고객의 문제에 초점을 맞추었다면, 해결질문은 고객의 관심을 해결책으로 전환하여 고객에게 기대감을 갖게 한다.

• 혈액순환 개선이 고객님께서 해결해야 할 가장 중요한 문제인 가요?
• 다른 문제보다 혈액순환 개선이 필요한 이유가 있으신가요?
• 그렇다면, 혈액순환이 잘되는 방법이 있다면 어떻게 하시겠습 니까?

위의 질문들은 혈액순환 개선이 고객에게 꼭 필요하고, 그렇게 되면 왜 좋은지를 고객이 답변하게끔 유도하고 있다. 이처럼 해결질문은 고객의 문제가 해결되면 고객에게 무엇이 좋은지를 스스로 말하게 하고, 영업인에게 문제에 대한 해결방법이 있다는 사실을 슬쩍 흘리는 질문이다. 명심하라. 설명이 아니라 질문이다. 이는 질문으로 고객이 얻을 수 있는 이익을 자신의 입으로 말하게 함으로써 해결책에 대한 욕구, 즉 구매 욕구가 생기도록 만드는 것이다.

영업인이 취급하는 제품의 가격이 비교적 저렴하다면 탐색질문과 심화질문만 잘해도 구매율을 높일 수 있다. 고객은 자신의 문제가 반드시 해결될 것이라는 확신이 없더라도 가격이 저렴하면 '아니면 말고' 식으로 구매할 수 있다. 그러나 가격이 높다면 고객은 신중하게 생각할 수밖에 없다. 바로 이때 해결질문이 고객의 판단을 돕는다.

당신은 자동차를 왜 구입하는가? 자동차 차체가 좋아서 구입하는가? 그렇지 않을 것이다. 자동차를 사는 이유는 자동차의 편리함과 자동차를 가졌을 때 누리는 자부심 때문이다. 꽉 찬 버스나 지하철에서 사람들에게 시달리지 않아도 되고, 가족들과 함께 어디론가 여행을 갈 수도 있고, 친구들이나 동료들이 자신을 부러워할 것이라는 생각처럼 자동차를 샀을 때 머릿속에 떠오르는 멋진 미래상이 자동차를 구매하게 한다.

건강기능식품도 마찬가지다. 고객들은 건강기능식품 그 자체가 좋아서 구매하는 것이 아니다. 건강기능식품이 지닌 효능과 효과가 필요해서 구매하는 것이다. 관절에 효과가 있는 식품을 사는 이유는 무릎이 안 아프고 가고 싶은 곳을 마음대로 갈 수 있다는 기대 때문이다.

또한 혈액순환에 관한 건강기능식품은 뇌졸중이나 심장병 등을 예방하여 건강하게 오래 살고 싶은 욕구 때문에 구매한다. 화장품은 아름다워지고 싶은 욕구 때문에 구매하는 것이고 보험은 만일의 사태를 대비하려고 가입하는 것이다.

당신이 해결질문을 하면 고객은 질문에 대답을 하며 문제가 해결되면 자신에게 어떤 이익이 있는지 머릿속에 그리기 시작한다. 이처럼 해결질문은 해결책에 대한 기대감을 키워 구매 욕구에 불을 붙이는 효과가 있다. 다음은 해결질문을 할 때 쓰는 전형적인 문구들이다.

- ~하면 얼마나 좋을까요?
- ~하면 신나지 않겠어요?
- ~하면 자랑스럽지 않을까요?
- ~한다면, ~을 상상해 보세요. 좋지 않습니까?
- ~하면 어떻겠습니까?

고객이 문제를 해결하면 자신에게 어떤 이익이 있는지 이 문장에 대입하여 질문하면 된다. 다음은 해결질문의 예문들이다.

- 엄마의 건강한 모습을 보면, 아이들이 얼마나 기뻐할까요?
- 가족을 생각한다면, 당연히 엄마(아빠)는 건강해야 하지 않을까요?
- 피곤하지도 않고 지치지도 않아서 회사에서 열정적으로 일을 한

다면, 승진에도 도움이 되고 보람도 많이 느끼지 않겠습니까?

• 관절염을 고쳐 봄에 벚꽃 구경을 간다면 얼마나 좋겠어요. 그렇죠?

• 고객님은 지금 고혈압약, 관절염약을 오랫동안 드셔서 위가 많이 상했습니다. 위를 건강하게 만들고 지금 드시는 약도 끊고 정기적으로 병원이나 보건소를 갈 필요가 없다면 훨씬 좋다고 생각하는데, 고객님 생각은 어떻습니까?

• 현대인에게 암이 많이 발병하는 것은 유해 독성물질 때문에 그렇습니다. 몸 안에 싸여 있는 유해 독성물질을 빼서 면역력도 기르고 암도 예방한다면 참 좋으시겠지요?

이를 토대로 하나의 사례를 만들면 다음과 같다.

영업인: (탐색질문) 머리가 아프시다고요?

고　객: 가끔 두통이 심하게 와요.

영업인: (탐색질문) 그런 증세가 자주 옵니까?

고　객: 요즘 들어 부쩍 그러네.

영업인: (탐색질문) 혈압은 정상이세요? 혹시 팔다리가 저리지 않으세요?

고　객: 혈압약을 먹으니까 혈압은 정상이지. 팔다리가 가끔 마비될 때가 있기는 해.

영업인: (심화질문) 혈액순환이 안 되어 머리가 아프거나 팔다리에 마비가 오면, 어떤 증세인지는 알고 계신가요?

고　객: 글쎄, 중풍이 오려나.

영업인: (심화질문) 주변에 중풍으로 쓰러지신 분들 많이 계시죠? 그분들은 어떻
던가요?

고 객: 고생이지. 108호 노인네는 며느리가 교대로 오는데 못할 일이더구먼.
늙으면 죽어야지…….

영업인: (해결질문) 고객님, 두통을 해결하시는 것이 가장 급하신 거죠?

고 객: 그렇지. 팔다리 저린 것도 없어졌으면 좋겠고. 중풍으로 쓰러지기 전에
죽어야 할 텐데…….

영업인: (해결질문) 두통도 낫고 팔다리도 저리거나 마비되는 것이 괜찮아지는
방법이 있으면 어떻게 하시겠습니까?

고객은 문제가 있어 제품을 구매해야겠다고 생각하지만, 지금 당장은 아니라고 생각하는 경우가 많다. 그러나 해결질문에 대답을 하다 보면 문제해결의 필요성을 더 강하게 느끼게 된다. 이처럼 해결질문은 고객의 잠재욕구를 현재욕구로 바꾸는 강력한 힘이 있다.

지금까지 당신은 탐색질문과 심화질문으로 고객의 문제를 지속적으로 확대해 왔다. 그리고 해결질문으로 문제의 해결책을 암시해 해결 후의 미래상을 그리도록 유도했다. 이제 고객은 해결질문을 하기 전보다 제품에 대한 궁금증이 늘어나 구매 욕구가 강해졌다. 이 정도가 되면 이제 당신은 자신이 취급하는 제품이 어떻게 고객의 문제를 해결할 수 있는지 증명해야 한다.

그런데 이런 과정은 한두 번 만나서 진행되는 경우도 있고 여러 번 만나서 천천히 진행될 경우도 있다. 그러므로 조급하게 생각할 필요

없이 만날 때마다 조금씩 앞으로 나아가면 된다. 무엇보다 가장 중요
한 것은 고객과 마음의 벽을 허물어 신뢰관계를 만들어 가는 것이다.

가격 대신
가치로 대응하라

가격을 깎으면 제품을 좀 더 쉽게 팔 수 있는 것은 사실이다. 비록 판매에 따른 이익은 줄지만, 손해를 보는 것은 아닐 수도 있다. 그러나 길게 보면 가격을 깎아서 판매하는 것은 손해다.

단지 고객과 협상하는 것이 어렵다는 이유로 쉽게 가격을 깎아주면 절대 실력 있는 영업인이 될 수 없다. 가능한 한 정가를 받는 게 가장 좋고, 혹시 가격을 깎아줘야 할 경우가 생기더라도 여기에는 기술이 필요하다.

영업은 모든 과정이 협상이다. 협상기술만 안다면 고객과의 협상에서 일방적으로 손해를 보는 일은 없다.

1 깍아달라는 고객 다루기

상담 초반에 고객이 가격할인을 요구한다고 해서 냉큼 값을 깎아주는 것만큼 싱거운 것은 없다. 가망고객의 요구에 바로 무너지면 안 된다. 가격을 쉽게 깎아주면 고객은 고마워하는 대신 영업인이 부른 가격이 부풀려져 있다고 생각할 수 있고, 얼마나 많이 남길래 이렇게 쉽게 깎아주는지 의아해한다.

그러므로 실력 있는 영업인이 되려면 고객과의 협상을 즐겨야 한다. 가망고객 중에는 밑져야 본전이라는 생각으로 할인을 요구하는 고객도 있다. 당신이 조금만 버티면 할인에 대한 요구가 흐지부지된다. 그리고 그럴 때는 다음과 같이 말하는 것이 좋다.

• 죄송합니다만, 고객님 저희 회사는 할인판매는 안 하는 것을 원칙으로 하고 있습니다.
• 고객님께서 깎아달라는 금액은 제가 일하며 받는 월급입니다. 제가 받을 월급을 달라면 곤란하고요. 대신 다른 혜택을 드리도록 겠습니다.

이런 간단한 한마디로 고객의 가격인하에 대한 요구를 물리칠 수 있다. 그런데 재미있게도 가격을 깎아주면 안 되는 이유 중 하나는 값을 많이 지불할수록 고객의 만족감이 커진다는 것에 있다. 이는 같은 옷이라도 백화점에서 비싸게 주고 산 옷을 입었을 때 더 큰 만족감을 느끼는 것과 같다. 고객은 대개 비싼 물건이 더 가치 있다고 느끼기 때문이다. 화장품이나 건강기능식품도 마찬가지다. 이처럼 비싸게 주고 산 것이 효능이 더 많다고 생각하면, 플라시보 효과라는 덤까지 얻을 수 있다.

그렇다면 고객과 협상을 할 때에는 어떻게 하는 것이 좋을까?

1) 총액이 아니라 가격 차이만 이야기하라

경쟁사 제품보다 비싸다면 분명 비싼 이유가 있을 것이다. 경쟁사와 당신이 취급하는 가격 차이에 초점을 맞춰 "고객님 우리 것이 10% 비싸지만, 드리는 혜택은 20% 많습니다"라는 식으로 이야기하라. "고객님께서 20만 원만 추가로 투자하시면, 이런 혜택을 드립니다"와 같이 말하며 가격 차이를 극복하라.

가격 차가 9만 원이라면 "하루에 3천 원 차이네요. 하루 3천 원을 추가로 투자하셔서 이 정도 혜택을 받으시면 괜찮지 않습니까?"라고 하거나 "고객님이 월 9만 원을 더 투자하시면 얼마나 많은 혜택을 받으시는지 볼까요?"라고 하면 된다. 이미 눈치 챘겠지만 '투자'라는 말이 중요하다. 돈을 그냥 써버리는 지출이나 지불보다 투자라는 말을 써야 고객이 가치를 느낀다.

2) 가격보다 고객이 얻는 가치를 강조하라

상담을 하다 보면 고객이 특별히 관심을 나타내는 부분이 있다. 그 부분을 강조하면 가격 저항을 줄일 수 있다. 아울러 가격이 낮은 제품을 구매했을 때의 단점을 말하며 투자하는 만큼 얻게 된다는 점을 강조해야 한다. '싼 게 비지떡'이라는 말을 상기시켜라. 최고 영업인은 마무리 단계에서 가격 저항에 별로 부딪치지 않는다. 이미 가망고객이 누리게 될 제품의 가치를 충분히 설명했기 때문이다.

따라서 가격을 깎아주며 쉽게 팔려고 하지 말고 당신이 취급하는 제품의 가치, 이점, 특징, 장점, 차별성 등을 충분히 공부하여 고객에게 강조해야 한다.

3) 다른 혜택을 제시하라

이런저런 전략으로 가격할인이 불가하다고 말해도 막무가내로 할인을 요구하는 가망고객도 있다. 싸게 사고 싶어 하는 것은 고객의 본능이기 때문이다. 당신도 물건을 살 때 할인을 요구한 적이 있지 않은가. 만만치 않은 가망고객이라면 가격할인 대신 다른 혜택을 줘라. 다른 혜택은 미리 생각해 두는 것이 좋다. 피부관리 티켓, 견본품 지급, 선물 따위를 제시할 수 있을 것이다.

2 브라이언 트레이시의 방법

브라이언 트레이시는 가격이 구매를 결정하는 요소가 아니라고 강조한다. 그리고 하버드 대학의 연구 결과에 따르면, 고객의 94%가 구매 이유와 가격이 아무런 관계가 없다고 답했다고 한다. 고객은 가격보다는 제품의 적합성, 편리함, 평판, 서비스, 디자인을 고려하여 제품을 구매한다. 이런 사실을 안다면 고객과의 가격협상에서 자신감을 가져야 한다. 브라이언 트레이시는 가격문제를 다루는 4가지 방법을《세일즈 슈퍼스타》에서 자세히 설명하고 있다.

먼저 잠재고객이 "가격이 너무 비싸요"라고 하면 "왜 그렇게 말씀하십니까?"라고 공손하게 물어보는 것으로 대답을 대신하자. 질문을 하고 나서 고객의 대답을 기다리자. 그리고 뜸을 들이면서 완벽하게 침묵하자. 이 방법은 쉴 새 없이 떠들면서 제품의 특징, 장점, 효과를 설명하느라 애쓰는 것보다 훨씬 효과적이다. 그리고 나서 잠재고객이 "나는 그걸 살 형편이 안 됩니다"라고 말할 때는 "왜 그렇게 생각하십니까?"라고 부드럽게 물어보라.

그리고는 몸을 앞으로 기울이고 침묵을 지키며 대답을 경청하라. 이런 질문을 하면 잠재고객은 대답을 못할 때가 많다. 그러나 이 질문을 던져보면, 상담의 흐름을 주도할 수 있을 뿐 아니라 잠재고객의 망설임 뒤에 숨어 있는 진짜 이유를 발견할 수 있다.

그런데 가격협상을 망치는 이유 중 하나는 너무 빨리 가격을 말하는 데 있다. 만약 당신이 상담을 하기 전에 가격부터 물어보는 성질 급한 가망고객을 만나면 곧바로 가격을 알려주는 대신 이렇게 말하라. "고객님께 가격이 중요한 문제라는 것을 잘 압니다만, 제가 고객님의 현재 상황을 좀 이해하고 난 후에 다시 가격을 이야기하면 안 될까요?"라고 말이다.

그리고 이렇게 말해도 가격부터 밝히라고 끈질기게 고집을 부리는 고객이 있다면 "모릅니다"라고 응수하라. 그러면 고객은 "모르다니, 그게 무슨 뜻입니까"라고 물어볼 것이다. 그럴 때는 이렇게 설명하라.

"우리 회사 제품이 고객님께 적합한지 모르겠습니다. 하지만 제가 몇 가지 질문을 드리도록 허락하신다면, 고객님께 적합한 제품을 설계하겠습니다. 예를 들어, 고객님의 현재 상황이 어떤지 좀 더 자세히 알려주십시오"

만약 가망고객이 "내 예상보다 비싸군요"라고 한다면, "예상하신 가격과 차이가 얼마나 되는지요?"로 응수하라. 가망고객은 구매를 위한 예산이 있을 것이고, 그 안에서 당신의 제품을 구매하려고 할 것이다. 일단 고객이 생각하는 금액이 얼마인지 알아내면, 그 가격 차이는 상품의 구매에서 비롯되는 가치 증가로 인해 충분히 보상을 받고도 남는다는 사실을 강조하라.

예를 들어, 제품의 총 가격이 127만 원인데 고객이 생각하고 있는 가격이 100만 원이라면 그 차이는 27만 원이 될 것이다. 이때는 127만 원이 아니라 27만 원만 극복하면 된다. 그러면 1백만 원은 무시하고 27만 원에 초점을 맞춰라. 이때는 가격 쪼개기 방법을 사용하면 된다. 그리고 반드시 계산기를 가지고 고객에게 보여주며 이렇게 말해야 한다.

"고객님 보세요, 고객님은 27만 원 때문에 망설이는데, 고객님이 이 제품을 3개월 드신다고 가정하면, 27만 원을 3개월, 그러니까 90일로 나눠보면 하루에 3천 원 꼴입니다. 하루 3천 원을 투자해서 고객님이 가지고 있는 건강상의 문제를 모두 해결할 수 있다면, 그것이 더 이익이 아니겠습니까?"

그러고 나서 다음과 같은 말로 고객을 안심시켜라.

- 고객님, 건강이 악화된 다음에 들어가는 비용에 비하면 비싼 게
  아닙니다.
- 고객님께서 지불하시는 금액보다 훨씬 많은 효과를 보실 겁니
  다. 제가 약속드립니다.
- 이 제품은 최고의 제품입니다. 구매하시면 틀림없이 만족하실
  겁니다.

그런데 이런 고객도 있을 수 있다. 가망고객이 만나자마자 밑도 끝
도 없이 "가격이 얼마나 됩니까?"라고 할 때가 바로 그때다. 고객의
문제를 알아내기도 전에, 다짜고짜 가격부터 물어보는 고객이 있다
면 다음처럼 대답하라.

고　　객: (상담을 들어가기도 전에) 가격이 얼마입니까?

영업인: 공짜입니다.

고　　객: (약간 주춤하며) 그게 무슨 뜻입니까?(혹은 예?)

영업인: 제가 파는 상품이 무엇이건 고객님의 마음에 들지 않는다면, 선택하지
　　　　않으실 것 아닙니까. 그렇지요?

고　　객: 당연하지요.

영업인: 선택하지 않으시면 돈을 내실 필요도 없겠지요. 그렇지 않습니까?

고　　객: 그렇군요. 그렇다면 그 상품이라는 게 도대체 뭡니까?

이때부터 당신은 적절한 질문으로 고객의 문제와 필요를 파악하여 적절한 제품을 권하면 된다.

3 지그 지글러의 방법

너무 비싸다는 말에는 이렇게 대답한다.

"저도 그 말에 동의합니다. 고객님, 좋은 것은 싸지 않고 싼 것은 좋은 법이 없으니까요. 그래서 저희 회사는 결정을 내렸습니다. 가급적 기능을 단순하게 설계해서 싸게 팔든지 아니면 최대한 많은 기능을 구비하도록 설계하고 만들어서 장기적으로 고객님의 비용을 대폭 낮추든지 이 둘 중 하나를 선택해야 했죠. 고객님, 애초에 최고의 상품에 투자하지 않으면 결국은 허술한 상품에 대한 대가를 치르게 된다는 것은 그냥 하는 말이 아닙니다. 그저 그런 허술한 상품 대신 최고를 선택하시는 게 낫지 않겠습니까? 저희 회사가 최고 상품을 만들겠다는 결정을 내렸을 때, 저희는 정말로 고객님 입장에서 고객님께 무엇이 최선인지 찾아내려고 노력했습니다. 그렇기 때문에 저희는 주저하지 않고 이 상품을 적극 권해드리는 겁니다."

또는 이런 설명도 가능하다.

"네 비싸지요. 그렇지만 결국 따져보면 상품이란 고객님이 지불

해야 하는 돈만큼 가치가 있는 게 아니라 그 상품이 고객님을 위해 해줄 수 있는 것만큼 가치가 있는 것이지요. 10만 원을 주고 샀는데, 100만 원의 효용이 있으면 잘 사신 거죠. 그렇죠?"

가격문제를 다루는 데는 자신감이 무엇보다 중요하다. 당신이 취급하는 상품이나 회사가 정상이라면 가격은 여러 가지 상황을 충분히 고려하여 결정되었을 것이다. 따라서 그 가격은 합리적이고 공정하다. 고객이 얻는 이익은 지불하는 금액보다 훨씬 크다. 가망고객이 그 가격에 제품을 구매하도록 돕는다면, 오히려 당신은 고객에게 큰 호의를 베푸는 셈이다. 고객에게 삶의 질이나 일의 질을 개선하는 데 도움을 주었기 때문이다.

4 가격을 깎아주는 방법

이런저런 방법이 먹히지 않고 막무가내로 할인만을 요구하는 가망고객도 있게 마련이다. 이는 영업 현장에서 수시로 나타나는 피할 수 없는 상황이다. 항상 영업인은 높은 가격을 원하고, 가망고객은 낮은 가격을 원하기 때문이다. 이런 고객들은 정찰 가격을 아무리 강조해도 좀 더 싼 가격에 구매하고 싶어 한다. 인지상정이다.

그러므로 가망고객과 가격협상을 잘 하는 것도 영업의 중요한 기술 중 하나다. 가격협상에서 무조건 양보만 하는 것은 좋은 협상이 아니다. 이미 말했지만, 모든 거래는 영업인이나 고객이 모두 만족해야 좋은 거래다. 그래서 가격을 깎아줄 때, 영업인은 다음의 두 가지를 명심해야 한다.

〰 가격을 깎아줄 때 명심해야 할 2가지

01. 가격을 깎아주는 대신 영업인도 고객한테 얻는 것이 있어야 한다.
02. 가격을 깎아주는 것은 고객의 체면을 세워주는 측면이 있다.

이미 가격이 정해져 있고, '가격할인 불가'가 규정인 회사도 있을 것이다. 그러나 이것은 어디까지나 회사 내부의 규칙이지 고객이 지켜야 할 규칙은 아니다. 가망고객 중에는 가격협상을 게임이라고 생각해 조금이라도 깎아야 만족하는 고객도 있다.

또한 회사의 규정이라고 가격협상에 전혀 대응하지 않는 영업인은 '융통성 없고 고집스럽다'는 평가를 받을 수도 있다. 당신이 취급하는 제품을 당신만 판매하는 것은 아니지 않은가? 그러면 고객은 가격협상이 자유로운 회사나 영업인과 거래를 하려 할 것이다.

그래서 가격협상이 필요할 때가 많은 것이다. 가격협상에서 중요한 것은 '얼마를 깎아줄 것인가'가 아니다. '어떻게 깎아줄 것인가'가 더 중요한다. 그렇다면 어떻게 가격협상을 해야 할까. 고객이 가격할인을 요구할 때는 대놓고 '예', '아니오'라고 바로 말하지 마라. 그 대신 '좋습니다. 만일~' 혹은 '좋습니다. 만약에~'로 시작하는 습관을 들여야 한다. 다음 예문을 한 번 보자.

- 사장님 좋습니다. 만일 고객님 요구대로 가격을 할인해 드리면 고객님과 비슷한 가망고객 한 분을 소개해 주십시오.
- 좋습니다. 만약에 가격을 5% 깎아 드리면 현금으로 결제하실 수 있겠습니까?
- 좋습니다. 만일 고객님의 요구대로 해드리면 추가로 구매하실 수 있겠습니까?
- 좋습니다. 만약에 고객님께서 정해진 가격을 다 주시면 제가 사은품을 드리겠습니다.

이렇게 '좋습니다. 만약에~'를 활용한 화법은 고객의 자존심을 상하게 하지 않는다. 이 화법은 가격할인에만 적용되는 게 아니라 고객이 무엇을 요구하든지 모두 사용할 수 있다.

본격적으로 가격협상을 시작하려면 영업인은 머릿속에 3가지 가격표를 담고 있어야 한다. 첫째는 회사가 정해놓은 가격회사가격, 둘째는 영업인이 최소한 받고 싶은 만족스러운 가격만족가격, 셋째는 그 이하로는 깎아줄 수 없는 가격한계가격 이 그것이다.

가격협상에서 회사가격과 만족가격 사이에서 가격협상이 끝난다면 가장 이상적이지만, 고객은 더 많은 할인을 요구할 수도 있다. 한계가격은 마지노선이다. 그 이하로 깎아 거래를 하면 영업인에게는 남는 게 별로 없는 거래가 되기도 하지만 영업인의 자존심을 상하게 할 수도 있는 가격도 된다.

영업인은 이 세 가지 가격을 항상 머릿속에 담아 놓고 고객을 만나야 가격협상에서 융통성을 발휘할 수 있다. 이제 좀 더 구체적인 방법으로 들어가 보자.

- 회사가격: 100
- 만족가격: 90
- 한계가격: 80

영업인이 고객에게 팔려고 하는 제품의 가격이 회사에서 100으로 정해졌다. 영업인의 판매 수수료를 30%로 가정한다면, 이 제품을 판매하여 영업인이 얻을 수 있는 수입은 30이 된다. 가망고객이 끈질기게 가격할인을 요구하고, 이 요구를 어느 정도 받아들이지 않을 경우, 거래가 성사되기 어렵다면 영업인은 10 정도는 깎아줄 수 있을 것이다. 이것이 바로 만족가격이다.

회사가격과 만족가격 사이에서 거래가 원만하게 이루어진다면 다행이지만, 고객이 더 많은 가격할인을 요구할 수도 있다. 따라서 가망고객의 끈질긴 요구에 영업인이 계속 할인을 해준다고 해도 최소 80은 받아야 한다고 가정할 수 있다. 물론 79나 그 이하라고 해도 손해를 보는 것은 아니지만 큰 이익이 없고, 그렇다고 재고를 처리하는 것도 아닌 데다 다음 거래를 생각한다면 한계가격은 80이 적당하다.

회사가격을 제외한 만족가격, 한계가격을 정하는 것은 영업인의 자유다. 그렇다고 하더라도 영업인은 가격협상에서 한계가격까지 밀려서는 안 되고 그 이전에 협상을 마무리 짓는 게 좋다. 그렇다면 어떻게 해야 할까? 그리고 끈질기게 가격할인을 요구하는 고객을 설득해 만족가격 안에서 멈추게 하는 좋은 방법은 무엇일까?

세계적인 협상전문가인 짐 토머스는 《협상의 기술》에서 가격을 협상할 때 가장 이상적인 방법을 친절하고 자세하게 알려주고 있다. 다음 내용은 짐 토머스의 방법을 재구성한 것이다. 1부터 6가지의 방법 가운데 당신은 주로 어떤 방법으로 가격협상을 하고 있는가.

1) 100 - 100 - 100 - 100 - 90

얼마 동안 고집스럽게 100을 주장하다 갑자기 90으로 줄인다. 여기서 협상이 마무리 되더라도 영업인이나 고객 모두에게 아쉬움이 남는다. 영업인은 한 번에 너무 많이 깎아준 것이, 고객은 조금 더 깎을 수 있었다고 생각해 후회를 한다. 즉 비싸게 주고 샀다는 후회는 다음 거래에서 더 많은 할인을 요구할 수 있는 여지를 남긴다.

2) 100 - 98 - 96 - 94 - 92 - 90

일정한 폭으로 계속 양보한다. 이런 방식은 고객으로 하여금 계속 요구하면 더 할인을 받을 수 있으리라는 기대심리를 키우게 한다. 고객은 절대 만족가격에서 멈추지 않을 것이다.

3) 100 - 99 - 97 - 94 - 90

연속되는 할인의 폭이 이전보다 점점 커진다. 이렇게 된다면 고객은 더 많은 기대를 하지 않을 수 없다. 절대 만족가격 이전에 협상을 마무리 할 수 없다.

4) 100 - 97 - 96 - 94 - 91 - 90

양보의 폭이 불규칙하다. 닥치는 대로 양보하는 것은 상대방을 혼란에 빠뜨리고, 협상을 계속 끌고 가도록 부추긴다. 이 방법을 사용하면 협상이 길어질수록 영업인은 더 많은 양보를 해야 할 것이다.

5) 100 - 90 - 90 - 90 - 90

처음에 큰 양보를 하고 그 다음에는 일절 융통성을 보이지 않는다. 처음에 큰 양보를 하는 것은 상대방의 체면을 살려 주기는 하지만, 고객은 한편으로 혹시나 하는 마음으로 가격을 더 깎으려고 한다.

6) 100 - 95 - 93 - 91.5 - 90.5 - 90

처음에 아주 큰 폭으로 할인을 하고 그 다음부터는 조금씩 양보한다. 가장 좋은 가격협상법이다. 마지막 할인은 가장 적게 하고 약간 내키지 않는 듯 해야 한다. 이 방법을 '반반의 법칙'이라고 한다. 즉 처음에 총 할인금액의 50%를 할인하고 그 다음은 첫 번째의 반, 세 번째는 두 번째의 반으로 줄여가는 방식이다.

- 할인 가능이 100일 때: 50 - 25 - 12.5 - 6 - 3 - 1.5 - 0

총 할인할 양이 100이라 하면 처음에 50을 하고 그 다음 첫 번째의 반인 25, 그 다음에 또 반이 되는 12.5를 할인해 나가는 것이다. 영업인이 만족하는 범위 안에서 고객도 만족하면 가격협상은 마무리 된다. 그런데 고객이 만족가격 이하로 할인을 요구할 수도 있다. 물론 영업인은 80을 한계가격으로 정했으므로 81이나 80에 협상이 마무리 되어도 최소한 손해는 아니다. 그렇다고 즐거운 것도 아니다. 자존심이 상할 수도 있다. 자꾸 할인을 요구하는 가망고객이 얄미울 것이다.

이럴 때 당신이라면 어떻게 하겠는가. 그냥 일어설 것인가? 아니면 협상을 계속할 것인가? 그것은 당신의 자유다. 때때로 80까지는 양보할 수도 있을 것이다. 그래도 10이 이익 아닌가? 당신은 양보할 만큼 양보했는데도 고객이 지나치게 추가적 할인을 요구하면 계약을 포기하고 싶겠지만, 이런 고객은 의외로 흔치 않다. 물론 손해가 아니라면 때로는 계약을 하는 것이 나을 수도 있다. 그게 영업이다. 다만 너무 일찍 한계선에 도달하는 일은 없어야 한다.

고객이 상식에 맞지 않게 억지를 부릴 때가 있다. 100이 정해진 가격인데, 50에 흥정하려는 가망고객들도 있다. 이럴 때는 딴청을 부리는 것이 좋다. 다음은 효과적으로 딴청을 부릴 수 있는 목록들이다.

- 예상 밖의 가격입니다.
- 좀 곤란합니다.
- 정말 기대 밖의 가격입니다.
- 그 가격은 무리입니다.
- 그 가격은 실망스러운 가격입니다.

- 합리적으로 했으면 합니다. 그건 너무 과합니다.
- 좀 도와주십시오. 그 가격은 너무합니다.
- 농담이시죠?
- 침묵하기
- 천장 바라보기
- 깜짝 놀라기

하지만 반대로 고객이 딴청을 부릴 때도 있다. 양보할 만큼 양보했는데도 가타부타 말을 하지 않고 딴청을 부리며 영업인의 애를 태우는 가망고객도 있기 때문이다. 다음의 방법은 고객들이 딴청을 부릴 때 영업인이 써먹을 수 있는 것들이다.

- 만족할 만한 가격을 말씀해 보십시오.
- 어느 정도면 동의를 하시겠습니까?
- 마음속에 염두를 해둔 가격이 있습니까?
- 얼마 정도를 생각하고 계십니까?
- OO원 이상 깎아드릴 수 없습니다. 이게 마지막입니다.

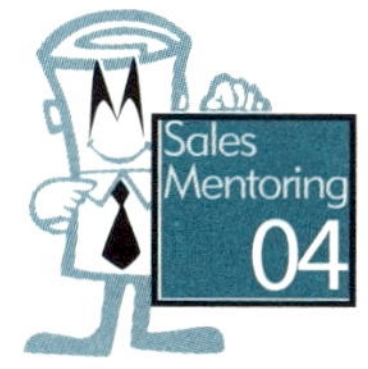

망설이는 고객에게는 확신을 줘라

현장에서 고객을 만나다 보면 참 다양한 사람들이 있다는 것을 알게 된다. 시원시원하게 제품을 구매하는 고객이 있는가 하면, 영업인을 힘들게 하는 고객들도 있다. 상식에 맞지 않는 가격으로 고집을 부리는 고객이 있는가 하면, 살듯 말듯 이런저런 핑계로 영업인을 애타게 하는 고객들도 있다.

여기에 응수하는 데는 여러 가지 방법이 있다. 하지만 몇 가지 방법이 먹히지 않는 고객이라면 빨리 포기하는 것이 나을 때도 있다. 포기할 줄도 알아야 고객에게 스트레스를 받지 않고 다음 고객에게 충실할 수 있기 때문이다.

다음은 망설이는 고객을 다루는 톰 홉킨스와 짐 도먼스키의 방법이다. 현장에서 당신이 마주치는 고객은 아마도 여기서 크게 벗어나 있지 않을 것이다.

1 톰 홉킨스의 방법

다음은 《세일즈 바이블》에 나오는 영업의 달인 톰 홉킨스의 거절 처리방법을 필자가 재구성한 것이다. 당신이 만나는 잠재고객 가운데 대부분이 다음과 같은 말로 구매 결정을 늦추려고 할 것이다.

- 다시 한 번 생각을 해볼게요.
- 우리는 좀 더 곰곰이 생각을 해보고 싶어요.
- 우리는 성급하게 결론을 내리지 않아요.
- 전단지를 놓고 가시면 연락을 드릴게요.
- 생각을 해보고 전화를 드리겠습니다.
- 다음에(다음 주, 휴일이 지나서) 다시 오시면 어떨까요, 그때 알려드릴게요.

당신은 이런 말을 들으면 어떻게 행동하는가? "예, 그러세요. 꼭 생각해 보시고 연락주세요"라며 순순히 물러나는가? 이것이야 말로 고객이 기대하는 것이다. 왜냐하면 일반적인 영업인들은 이런 말을 듣고 순순히 물러나기 때문이다.

만일 당신이 이처럼 순순히 물러나면 과연 잠재고객은 당신이 놓고

간 전단지를 보면서 곰곰이 생각할까? 대답은 한마디로 '아니오'다. 당신이 나오자마자 전단지는 쓰레기통으로 직행할 것이다. 그리고 잠재고객은 새로운 일을 시작한 채 당신의 제안은 까마득히 잊을 것이다. 그렇다면 이처럼 잠재고객이 "나는 한 번 더 생각을 해보고 싶어요"라고 말할 때 영업달인들은 어떻게 대처할까? 그들은 다음과 같이 묻는다.

"고맙습니다. 그래도 저희 제품에 어느 정도 호감을 느끼시니 생각해 보신다고 하시겠죠. 그렇죠, 고객님?"

그러면 대부분의 고객들은 아무 말을 안 하거나 "네, 맞습니다"라고 할 것이다. 당신이 이런 질문을 던질 때에는 살짝 과감한 미소를 띠고 또 졌다는 듯 행동하는 게 좋다. 그리고 고객이 심사숙고할 것이란 점을 다시 한 번 확인하자. "선생님이 이토록 관심을 가지시는 만큼 상당히 세심하게 고려하실 거라고 생각해도 되겠습니까?"라고 말이다.

이때 '상당히 세심하게 고려한다'는 말을 강조하는 듯한 어조로 천천히 말해야 한다. 이렇게 하면 고객은 당신이 물러날 것처럼, 그리고 포기하는 것처럼 행동했으므로 그렇다고 대답할 것이다. 그러면 이렇게 묻는다.

• 제 생각을 정리하고 싶어서 그렇습니다만, 선생님께서 생각해 보고 싶다는 문제가 저희 회사가 못 미더워서 그렇습니까?

여기서 각기 다른 두 문장을 어떤 식으로 연결했는지 주목하자. 상세한 설명은 나중에 다시 하겠다. 그럼 고객은 어떻게 대답할까?

고　　객: 아니요, 당신네 회사는 믿을 수 있습니다.

영업인: 그럼 저의 판매방식에 문제가 있었나요?

고　　객: 아닙니다. 우린 당신이 가장 훌륭한 영업인이라고 생각합니다.

영업인: 그것도 아니면 제품이 진짜 효과가 있는지 걱정되십니까?

고　　객: 아뇨, 그건 아닙니다. 이미 확인했잖습니까?

영업인: 그럼 혹시 제가 맘에 안 드십니까?

고　　객: 아뇨, 그럴 리가요.

이처럼 잠재고객은 'No'라고 할 때마다 궁극적으로는 'Yes'라고 하고 있다. 이 기법은 제품이 주는 효과를 종합적으로, 그것도 교묘하면서도 솜씨 있게 고려하도록 만든다. 따라서 이야기를 하지 말고 질문을 해야 한다.

만일 잠재고객이 당신과 조금이라도 일을 더 진행할 생각을 갖고 있다면 마지막으로 무슨 문제를 꺼내야만 할까? 바로 돈 문제다. 그러면 당신은 "가격이 문제입니까?"라고 물으면 된다. 그러면 잠재고객은 "글쎄요, 그런 돈 문제는 반드시 심사숙고해야 하지 않을까요?"라고 대답할 것이다.

그러면 당신은 "그 문제라는 게 실제로는 돈 문제군요, 그렇지 않습니까?"라고 물으면 된다. 그러면 고객은 이를 수긍하며 "예, 바로 그거죠”라고 말을 하게 될 것이다. 그럼 지금까지의 대화에서 당신은 무엇을 이뤘을까. 아주 많은 걸 얻어냈다. “생각을 좀 해봐야겠으니 그만 가주세요”라는 단계를 뛰어넘어 드디어 ‘돈 문제’라는 반론의 실체와 맞닥뜨린 것이다.

여기서는 “제 생각을 정리하고 싶어서 그렇습니다만, 선생님께서 생각해 보고 싶다는 문제가 저희 회사가 못 미더워서 그렇습니까?”라고 말하는 부분에 급소가 있다. 이 문장을 “……선생님께서 생각해 보고 싶다는 문제가 무엇입니까? 저희 회사가 못미더워서 그렇습니까?”로 나눠서는 안 된다. 그리고 “저희 회사의……”를 언급할 때 어조를 다르게 함으로써 실제로 문제가 있는 듯한 인상을 풍겨서도 안 된다.

그 이유는, 이렇게 말 사이에 시간을 주면 잠재고객은 “아뇨, 말씀하신 것 전체를 다시 생각해 보고 싶어서요”라고 말하게 되고, 결국 당신은 아무런 성과도 얻을 수 없기 때문이다. 돈 문제밖에 남지 않았다 싶을 때에는 이 문제만 잘 처리하면 뜻밖의 소득을 올릴 수 있으므로 적절하게 처리해야 한다.

대신 이 과정에서 돈 문제 이외에 고민하는 것은 더 없는지 물어야 한다. 더 이상 없다면 이제 돈 문제를 어떻게 해결하는지 방법을 알아보자. 이럴 경우 대부분의 고객은 이렇게 말한다.

- 생각보다 가격이 비싸군요.
- 그렇게 비싼 것을 살 여유가 없어요.

이 말이 고객의 입에서 튀어나온다면 당신은 이제까지 앞에서 살펴본 가격협상 요령을 참고하면 된다.

2 짐 도먼스키의 3가지 방법

"생각할 시간이 필요해요", "생각 좀 해봅시다"라는 말에 대해 텔러마케팅 전문가인 짐 도먼스키는《영업의 고수는 어떻게 탄생하는가》에서 다음의 3가지 방법으로 대응하라고 말한다.

1) 아무 대답도 하지 마라

상대가 시간을 달라고 할 때 아무 말 없이 가만히 기다리는 것이다. 대부분 사람들은 침묵에 익숙치 않다. 3~4초만 지나면 무슨 말로든 그 공백을 메우려 한다. 그 효과는 참으로 놀랍다. 대부분 고객들은 왜 시간이 필요한지 설명하기 시작한다. 그러면 상황이 분명해진다.

예를 들어, 상사나 동료에게 의논해야 한다는 말이 나온다면 의사결정 참여자가 추가로 밝혀지는 셈이다. 물론 다른 제안서를 검토해야 한다는 말이 나올 수도 있다. 그러면 다른 경쟁자의 존재가 드러난다. 혹은 아직 결제할 돈이 준비되지 않았다고 말할 수도 있다. 어떤 정보가 나오든 이를 바탕으로 당신은 다음 단계의 말이나 행동을 구상할 수 있다.

2) 시간을 주되 약속을 잡아라

이렇게 말해 보자. "물론 이런 결정에는 생각할 시간이 필요한 법이지요. 충분히 이해합니다. 제가 다음 주에 방문해서 다시 의논하면 어떨까요? 다음 주 수요일 오전 10시에 찾아뵙겠습니다"라고 말이다. 잠재고객이 이에 동의한다면 실제로 생각할 시간이 필요한 상황이라고 볼 수 있다.

다시 상담할 시간을 정한다는 것은 상대도 충분히 시간과 에너지를 할애하겠다는 의미이다. 이때는 날짜가 아니라 정확한 시간을 잡는 게 중요하다. 당신이 제안한 시간이 좋지 않다고 하면 또 다른 시간을 제시하라. 그것도 안 된다면 언제 어느 때가 좋은지 물어보라. 좀처럼 시간을 정하지 않는 고객이라면 가능성이 없다고 봐도 무방하다.

3) 이유를 탐색하라

마지막 접근법은 먼저 공감을 표시한 뒤, 이유를 물어 상대의 속마음을 알아내는 방법이다. 가령, "그렇군요, 저라도 생각할 시간이 필요할 것 같습니다. 그런데 어떤 점 때문에 망설이시는지 여쭤 봐도 될까요?"와 같은 질문을 던지는 것이 이에 해당한다. 이것은 "아직 저의 대답이 충분치 않다고 생각하시는 모양인데, 무엇 때문인지 여쭤 봐도 될까요?" 혹은 "고객님께서 어떤 점이 염려되시는지 여쭤 봐도 될까요?" 등으로 바꿔도 좋다.

이런 질문은 잠재고객의 속마음을 드러나게 해 실제 문제가 무엇인지, 고객이 정말로 시간이 필요한지 아닌지 등을 밝혀준다.

3 여러 가지 상황들

영업인은 거절에 대한 두려움이 있지만, 고객은 제품을 잘못 사게 될지도 모른다는 두려움이 있다. 그래서 고객에게 제품의 효과나 효능이 확실하다는 믿음을 주는 것은 아주 중요하다. 고객이 "믿어도 되나요?", "잘 사는 건가요?"라며 당신 회사나 당신이 취급하는 제품에 대해 의심하는 태도를 보이면 이렇게 설명하라.

- 고객님 저희 회사는 30년이 넘었습니다. 제품의 질이 떨어진다면 어떻게 그렇게 오랜 기간 동안 망하지 않고 사업을 할 수 있었겠습니까? 한 번 구매한 고객분들이 효과를 인정하고 재구매를 했기 때문에 지금까지 회사가 존재했던 겁니다.
- 고객님, 잘 사신 겁니다. OO고객님도 지난번 저희 제품을 이용하시고 매우 만족하셨습니다. 다시 말씀드리지만, 잘 사신 겁니다.
- 고객님께서 구입하신 제품은 저희 회사가 판매하는 제품 중에서 고객님들이 가장 많이 찾으시는 제품입니다. 고객님은 오늘 제대로 선택하신 겁니다.

만약 당신 회사가 생긴 지 얼마 되지 않았다면 이렇게 말하면 된다.

• 고객님 저희 회사가 생긴 지 얼마 안 되어 걱정하시는 것은 이해합니다. 그러나 저희 회사는 고객만족이라는 슬로건으로 고객님들이 필요로 하는 제품을 만들기 위해 최선을 다하고 있습니다. 회사가 생긴 지 얼마 안 됐는데 벌써부터 엉터리 제품을 고객님께 권한다면 곧 망하고 말 겁니다. 곧 망할 회사를 왜 만들었겠습니까? 저를 믿고 구매하시면 만족하실 겁니다.

그리고 상담이 성공하여 고객이 구매를 결정하면, 제품을 전달하고 대금을 받으면서 다음과 같이 한마디를 더 보태라. 그러면 고객은 훨씬 안도감을 느낄 것이다.

• 고객님, 잘 사신 겁니다. 확실하게 효과를 보실 겁니다.
• 고객님, 잘 사신 겁니다. 확실하게 만족하실 겁니다.

고객은 마지막 순간에 항상 머뭇거린다. 그리고 확신이 서지 않으면 생각할 시간을 달라며 다음과 같이 말한다.

• 지금은 생각할 여유가 없습니다. 집에 가서 생각을 해보겠습니다.
• 집에 가서 아내와 의논을 해보겠습니다.

위와 같은 말들은 영업인들이 흔히 듣는 말들이다. 이때 당신이 던지는 "제가 도와드리겠습니다"라는 말 한마디는 의외로 효과가 크다.

고　　객: 집에 가서 아내와 의논을 해보고 연락을 드리겠습니다.

영업인: 제가 도와 드리겠습니다.

고　　객: 예? 뭘 도와주겠다는 겁니까?

영업인: 고객님이 생각하시더라도, 혹은 사모님과 상의하시더라도 이 분야는 제가 전문가입니다. 저는 이 분야에서 3년 이상 일했기 때문에 고객님이 좀 더 나은 선택을 하시도록 도움을 드릴 수 있습니다. 중요한 선택은 비전문가와 의논하는 것보다는 전문가와 상의하는 게 도움이 되지 않겠습니까?

고　　객: 그래요. 그러면…….

가망고객들은 "저희 어머니는 아직 그것을 구매할 상황이 아닙니다", "우리 아이는 그 제품을 구매할 정도로 심각하지 않습니다"라며 망설인다. 그런 고객에게는 "제 어머니라면 지금 사드리겠습니다", "제 친누나라면 저는 무조건 구매하라고 말하겠습니다", "우리 아이라면 무조건 그 제품을 사용하라고 말할 겁니다"라고 말하는 방법도 효과적이다. 고객이 살듯 말듯 망설이는 순간 이 말 한마디는 굉장한 효과를 발휘한다.

아무리 영업 실적이 좋은 사람일지라도 만나는 가망고객마다 성공하는 것은 아니다. 사실 실패할 확률이 압도적으로 많다. 그렇다면 이럴 때는 어떻게 해야 할까? 만약 가망고객이 다른 회사의 제품을 이용하기로 했다고 해서 그 회사를 험담해서는 안 된다. 이는 그 회사를 욕하는 것이 아니라 고객의 선택이 잘못됐다고 하는 것과 같다. 고객이 기뻐할 리 없고, 그 고객은 영영 잃게 된다.

이때 당신이 해야 할 일은 왜 고객이 다른 회사를 이용하는지 알아보는 것이다. 제품이나 가격 경쟁력이 없는지, 당신이 실수한 것은 없는지 차근차근 생각을 해보아야 한다. 필요하다면 고객에게 왜 다른 회사의 제품을 이용하는지 질문을 하라. 만약 이유가 당신에게 있다면, 그동안 당신이 영업을 했던 모든 과정을 되짚어 보라. 그리고 잘못한 점을 발견한다면 중요한 교훈을 얻은 것이다.

지금 다른 회사의 제품을 이용하는 고객이라 하더라도 관계형성을 계속하는 것은 중요하다. 정기적으로 찾아가거나 전화를 하라. 아니면 문자메시지나 이메일로 소통하는 것도 좋다. 비록 지금 고객을 놓쳤다 해도 실망할 필요는 없다. 당신이 취급하는 제품과 비슷한 것을 다른 회사 제품으로 이용한다는 것은 그 고객이 그 제품을 필요로 한다는 의미다. 잘만 하면 다시 당신 고객으로 만들 수 있다. 고객은 돌고 돈다.

효고적인
거리판촉을 하라

영업을 하는 사람이라면 길거리에서 파라솔을 펴고 그 밑에서 혹은 그냥 서서 지나가는 사람에게 일일이 전단지를 나눠준 적이 있을 것이다. 그런데 사실 이 방법은 지치기 쉬운데다 성과가 금세 나타나는 것도 아니다.

그러나 정신력을 높이는 데는 아주 좋은 방법이다. 부끄러움을 느끼지 않고 길거리에서 영업을 하는 사람이라면 개척영업의 두려움을 이미 극복한 사람이기 때문이다. 다음의 7가지 방법은 길거리 영업에서 판매 확률을 높일 수 있는 방법이다.

～ 길거리 영업에서 판매 확률을 높일 수 있는 방법 7가지
01 전단지와 견본만을 나눠주지 말고 일단 말을 걸어라 ｜ 이때는 호기심

을 일으킬 수 있는 질문이 가장 좋다. "OO 어떠세요?", "OO에 관심 있습니까?", "OO소식 들어보셨습니까?"와 같은 질문으로 고객의 호기심을 자극하여 발걸음을 멈추게 해야 한다.

02. 한 가지 제품만 이야기 하라 ｜ 일단 가망고객의 발걸음을 멈추게 했다고 해서 그들이 언제까지 말을 들어주는 것은 아니다. 많은 이야기를 할 시간이 없다. 그리고 시간이 된다 해도 너무 많은 것을 이야기 하면 고객은 헷갈려 한다. 그러면 고객은 결정적인 한마디로 영업인의 기운을 뺀다. "생각해 보겠습니다"라고 말이다. 이 말을 곧이곧대로 믿을 영업인은 물론 아무도 없을 것이다. 원인은 영업인에게 있다. 많은 것을 이야기했으니 고객이 좋은 것을 선택하기 위해 생각하는 것은 당연하다.

03. 횡단보도에서 기다리는 사람을 노려라 ｜ 횡단보도 앞에서 길을 건너기 위해 신호를 기다리는 사람은 일단 걸음을 멈춘 사람이다. 그들 가운데 제품을 구매할 것 같은 사람 한 명만 찍어서 공략하라. 이때는 감각이 중요하다. 일단 인상을 보면 끌리는 사람이 있다. 공략방법은 1번과 2번을 적용하라.

04. 20초짜리 스피치를 준비라하 ｜ 횡단보도에서 신호를 기다리는 시간은 몇 분이 채 되지 않는다. 많은 것을 길게 이야기할 시간이 없다. 짧게 핵심만 설명할 수 있도록 준비하라. 인사, 질문, 설명, 마무리가 1분을 넘으면 가망고객은 횡단보도를 건너가 버린다. 이때 구매 가능성도 함께 건너간다. 그런데 구매 가능한 고객이라는 확신이 서면 함께 횡단보도를 건너며 추가적인 설

명을 하라.

05. 멋있게 옷을 입고 얼굴에 미소를 지어라 | 길거리 영업에서 첫인상
은 100% 영향을 미친다. 아무리 질문을 잘하고 설명을 잘해도
첫인상이 나쁘면 구매할 확률이 낮다.

06. 반드시 메모지와 볼펜을 준비라하라 | 내 정보는 명함으로 해결할
수 있지만, 때로는 고객의 정보를 적어야 할 때도 있다. 관심 있
는 고객을 만났다면 연락처를 알아둬라. 연락처를 물어보면 가
르쳐 주는 사람도 있을 것이다. 그 자리에서 판매에 성공하지 못
했다 하더라도 당신은 가망고객을 한 명 확보한 것이다.

07. 어깨띠를 준비하라 | 어깨띠는 두르고 서 있는 것만으로도 홍보
효과가 있다. 처음에는 어색할지 모르지만, 조금 지나면 내 옷
처럼 여겨진다. 특히 단체로 하는 길거리 홍보에서 어깨띠는 그
효과를 배가시킨다.

4장

고객의 성격별 대응법

SALES MENTORING

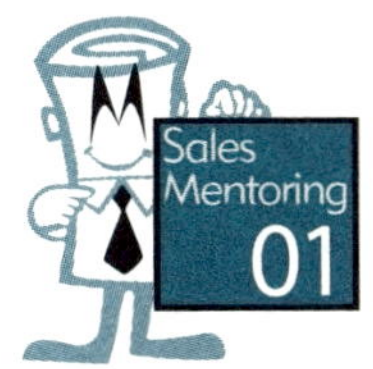

성격과 스누핑을
활용하라

　인생을 웬만큼 살아본 사람은 알 것이다. 이 세상에는 참 많은 사람들이 살고 있고 어쩌면 그리도 다른지. 남자와 여자가 다르고, 나라마다, 인종마다 다르다는 것을 알 수 있다. 하물며 같은 부모를 둔 형제도 다르고, 심지어 쌍둥이조차도 다르다. 그러니 이들을 상대하기가 그렇게 만만치 않을 수밖에 없다.

　수없이 많은 성격을 우리는 양분하여 '성격이 좋다', '성격이 나쁘다'라고 말한다. 영업인을 힘들게 할만큼 성격이 안 좋은 사람도 있고, 때로는 법 없이도 살 것 같은 좋은 사람도 있다. 그렇다고 성격 좋은 사람만 찾아다니며 영업을 할 수는 없지 않은가.

　영업 현장은 정글이다. 정글 속에는 다루기 편한 순한 토끼도 있지만, 영업인을 골탕 먹이는 늑대나 여우도 있고, 영업인을 아주 힘들게 하는 맹수와 같은 고객들도 있다. 그러나 조련사들이 맹수들을 사육하는 것을 보면 아무리 까다로운 고객이라도 상대 못할 이유가 없다. 영업인이 어떻게 하느냐에 따라 고객도 바뀔 수 있기 때문이다.

그렇다면 조련사들이 동물들을 잘 다루는 이유는 과연 무엇일까? 조련하는 동물들의 성격이나 특성을 잘 알고 있기 때문이다. 무엇을 좋아하는지, 무엇을 싫어하는지 알지 못하면 유능한 조련사가 될 수 없다. 영업인도 마찬가지다. 내가 만나서 상담하려고 하는 가망고객의 성격을 모르면 실수를 할 수밖에 없다.

사람의 성격을 알면 얼마나 좋을까? 그러면 영업인은 고객의 성격별로 대응전략을 세울 수 있을 것이다. 자주 만나는 고객이라면 물론 접촉하면서 성격을 알 수 있겠지만, 처음 보는 고객과 상담을 한다면 어떻게 해야 할까. 고객의 사무실이나 집을 처음 방문했을 때, 그곳에 있는 물건이나 물건이 놓인 상태 등을 관찰하여 고객의 성격을 한 번에 알아낼 수 있다면 얼마나 좋을까.

그렇다고 해서 영업인이 모두 점쟁이가 될 필요는 없다. 미국의 텍사스에 있는 오스틴 대학교의 심리학과 교수인 샘 고스링이 개인 침실이나 사무실을 관찰하여 성격을 알아내는 연구를 통해 그 결과를 발표했기 때문이다.

가령, 누구라도 필자의 사무실에 와서 책상 위에 있는 물건들이나 책장에 꽂힌 책들을 본다면 단번에 필자가 무엇에 관심이 있고, 무엇을 하는 사람인지 알 수 있을 것이다. 그리고 내 블로그에 들어와서 조그만 뒤적거려도 내가 어떤 사람인지 알 수 있다.

또한 내 책장에는 세일즈 기법, 자기계발, 리더십 책이 잔뜩 꽂혀 있다. 조금 오래된 책들 중에는 환경문제에 관한 책이나 사회과학 책들이 많다. 이것만 보더라도 사회과학정치외교을 전공한 필자가 오래 전에는 환경문제에 관심이 많았고 최근에는 세일즈 기법과 자기계발, 리더십에 관심이 많다는 것을 알 수 있다. 아울러 동창회 명부는 필자가 어느 학교 출신인지를 알려준다.

그러나 책은 잘 정돈되어 있지 않고 책상 위도 조금 어수선하다. 연필이니 볼펜이 뒹굴고 귀를 후볐던 면봉도 책상 위에 있는 것을 본다면 정리정돈을 못하고 조금은 지저분하다는 것을 알아차릴 것이다. 좋게 보면 수더분한 것이고. 또한 유명인과 같이 찍은 사진이나 감사패가 하나도 없는 것을 본다면, 인맥을 활용해 영향력을 내세우고 싶어 하지 않는 약간 까칠한 성격이라는 것도 알아차릴 것이다.

이렇게 사무실에 있는 물건을 관찰하여 사람의 성격을 꿰뚫어 보는 것은 매우 흥미로운 일이다. 그리고 이것을 통해 고객을 만나기 전이나, 고객을 만나자마자 바로 고객을 파악하게 되면 아주 유용한 기술이 된다. 바로 이것을 일컬어 '스누핑'이라고 한다.

스누핑snooping은 '흔적을 살펴보기' 정도로 이해하면 된다. 즉 가망고객의 사무실이나 집을 방문했을 때, 그곳에 있는 물건이나 집기 등의 종류나 이것들이 놓인 상태 등을 살펴 그 사람의 성격을 알아내는 방법이다. 만약 영업인이 스누핑을 통해 가망고객 성격을 알고 제대로 응대한다면 구매 확률을 훨씬 높일 수 있다.

다음에 나오는 사람의 다섯 가지 성격 유형과 '스누핑'은 샘 고슬

링의《스눕》을 참고하여 정리하였고, 성격에 맞는 올바른 대응법을 정리한 '가망고객이라면'은 지그 지글러의《클로징》, 한스-게오르크 호이첼의《뇌, 욕망의 비밀을 풀다》, 그리고 앞에서 언급한《구매의 심리학》을 주로 참고하여 작성한 것이다.

개방성에 따른
고객 대응법

　개방성이 높은 사람들은 새로운 아이디어가 많다. 회의를 하거나 모임에서도 새로운 의견을 잘 내놓는다. 추상적이고 새로운 것에 관심이 많고 궁금한 것이 많다. 혼자 생각하는 것을 즐기고, 발명에 재능이 있고 예술적이며, 아름다운 풍경, 꽃 등을 좋아한다. 모험심이 강해 새로운 것에 도전하기를 즐기며, 외국을 여행한다거나 색다른 체험을 열망한다. 지적인 부문에서도 새로운 지식에 개방적인 태도를 가지고 있으며, 지적인 주제로 토론하는 것을 좋아한다.

　반대로 개방성이 낮은 사람들은 습관적으로 해오던 것을 바꾸려 하지 않는다. 새로운 것보다는 익숙한 것을 좋아한다. 불확실한 것에 대해서는 모험을 하지 않으려 하고, 미지의 것을 좋아하기보다는 이미 잘 알고 있는 것을 선호한다.

1 스누핑

- 개방성이 높은 사람들은 사무실을 특색 있게 꾸민다. 장식의 패턴, 물건이 놓여 있는 위치나 그 물건 자체를 포함해 뭔가 평범하지 않고 구태의연하지 않은 독특한 면이 있다.
- 많은 책들을 갖고 있다. 여행, 소수민족의 문제, 여성학, 음악에 관한 책들을 비롯해 다양한 종류와 다수의 음악 CD를 갖고 있다.
- 미술도구, 문방용품, 영화티켓, 세계지도와 문화적 기념품들이 많다.
- 예술품으로 사무실을 꾸미고, 읽을거리를 놓아두고 있으며, 음악과 관련된 장식으로 사무실을 꾸민다.
- 반면, 개방성이 낮은 사람은 한두 주제에 관련된 책을 많이 가지고 있으며, 융통성이 부족하다.

2 가망고객이라면

개방성이 높은 고객은 새로운 것에 대한 거부가 없으므로 크게 문제될 것이 없다. 성실하게 신뢰감을 주도록 행동하면 된다. 다만 가망고객의 호기심을 자극하면 효과를 더욱 높일 수 있다. 고객의 호기심을 자극하는 유일한 방법은 질문을 하는 것이다.

가령, "여유자금 활용에 대한 방법을 알려드리려고 왔습니다. 고객님의 재테크 방식은 무엇입니까?", "저희 회사에서 신제품을 출시해서 체험행사를 하는데 한 번 참석해 보시겠습니까?", "귀를 보면 고객님 건강을 알 수 있는데 한 번 봐드릴까요?", "최근 A일보와 B일보에서 _____에 관한 기사를 읽었는데, 고객님 생각은 어떠신지요?", "A일보를 보니 OO지역이 개발제한구역에서 풀릴 거라고 하더라고요. 그래서 그곳에 투자하려는 사람들이 많다고 하던데, 고객님은 관심이 있으신가요?", "OO식당은 _____ 방법으로 식당을 운영해 손님이 많다고 하던데, 고객님도 그 방법을 사용하시면 사업에 유리하지 않을까요?"가 그것이다. 이런 질문들로 가망고객이 호기심을 갖는다면, 당신은 고객에게 한발 다가선 것이다.

반면, 개방성이 낮은 사람들은 새로운 것에 의심이 많고 이를 받아들이려 하지 않는다. 이런 고객에게는 신뢰감을 심어 주는 것이 우선이다. 이런 고객들은 영업인이 가지고 다니는 유인물, 상품 소개 책자, 사보 등을 보고도 쉽게 구매를 결정하지 못한다. 이들은 외부 전문가들이 그 제품이 좋다고 인정해야 비로소 이를 인정한다. TV나 잡지, 신문 등에 실린 자료들을 이용하면 확실하게 신뢰감을 심어줄 수 있다.

또한 상을 받은 사실, 특허를 받은 것, 식품의약품안전청에서 인정을 받은 것, 유명한 사람이나 유력한 지역 인사가 제품을 이용하고 있다는 것이 이런 고객의 신뢰를 얻는 데는 많은 도움이 된다. 당신의 고객 중에 유명 연예인이나, 운동선수, 시의원, 국회의원 등을 좋아하거나 우러러 보는 사람이 있다면 이 사실을 고객에게 적극적으로 알려라.

성실성에 따른
고객 대응법

성실성이 높은 사람들은 대개 빈틈이 없다. 이들은 믿음직스러울 뿐만 아니라 열심히 일하며, 목표 중심적이고 효율적이며 계획성을 가지고 움직인다. 또한 자기 통제력이 탁월해 어려운 일이나 힘든 일이 있어도 어떻게든 그것을 달성하기 위해 지속적으로 노력한다.

그리고 어떤 결정을 할 때에는 충분한 시간을 두고 결정하는 경향이 있다. 하지만 이들은 의외로 강박적인 완벽주의자이거나 일중독자일 수도 있다. 나아가 지나치게 성실한 사람들은 주변 사람들에게 답답하고 지루한 사람으로 여겨질 수도 있다.

그에 반해 성실성이 낮은 사람들은 지각을 잘 하며 부주의하고 충동적이다. 게다가 책임감이 없고, 비효율적이며, 끈기가 없다. 어떤 결정을 할 때에도 충동적이다.

1 스누핑

- 성실성이 높은 사람들은 책과 잡지, 음반 등의 정리정돈이 잘 되어 있다.
- 조명은 밝고, 깔끔하고, 청결하고, 쾌적함과 안락함이 느껴진다. 어질러진 구석이 하나도 없다.
- 방에는 달력이나 우표를 포함한 준비성이나 계획성을 보여주는 물건들이 더 많은 경향이 있다. 운동 도구나 여러 가지 깃발 등과 같은 장식들이 많다.
- 전반적으로 이들의 침실은 높은 성실성, 낮은 개방성이라는 성격적 특성을 보인다. 방은 정리가 잘 되어 깔끔하고, 밝으며, 청량한 분위기를 풍긴다.

2 가망고객이라면

성실성이 높은 가망고객을 만날 때는 반드시 사전에 약속을 하고 찾아가는 게 좋다. 불쑥 찾아가는 것은 좋지 않다. 약속시간을 잘 지키고, 복장이나 액세서리 등에 신경을 많이 써야 한다. 그들은 자기와 다르면, 예를 들어 약속시간에 늦는다거나 복장이 야하거나 단정하지 못하면 불성실한 사람으로 판단한다. 가방이나 서류철 등도 잘 정리해서 갖고 다녀야 한다.

또한 상품 설명을 할 때도 전문가다워야 한다. 사전에 연습을 하고 가서 정확하고 빈틈없는 모습을 보일 때 신뢰감을 줄 수 있다. 성실성이 높은 사람들은 절대 충동적으로 제품을 구매하지 않는다. 가망고객에게 합리적이고 논리적으로 설득한 후 결정할 때까지 충분한 시간을 주고 기다려야 한다.

외향성에 따른
고객 대응법

외향성이 높은 사람들은 수다스럽고, 에너지가 넘치며, 열정적이다. 또한 친구를 쉽게 사귀고, 가깝거나 친밀한 관계도 쉽게 만든다. 그들은 다른 사람과 어울리는 것으로 기쁨을 느끼고 자극과 보람을 얻는다. 그리고 사회생활을 하는 데 있어서도 활동적이고 원기왕성하다. 게다가 자기 주장이 강해 자기 의견을 분명히 말하며, 주도권을 쥐고 다른 사람들에게 지시하는 것을 좋아한다.

하지만 그에 반해 그들은 뭔가 자극적인 것이 없으면 쉽게 지루해하는 경향이 있다. 그래서 그들은 위험을 감수하고 짜릿함을 추구한다. 그에 반해 외향성이 낮은 사람들은 대개 말수가 적고, 조용하며, 수줍음을 많이 탄다.

- 외향적인 사람들은 세련된 외모를 갖추고 친근한 태도를 취한다. 미소가 가득한 표정으로 자신 있게 말한다.
- 사람들을 끌어들이기 위해 사무실 문을 열어둔다든지, 책상 위에 사탕을 가득 채운 그릇을 놓아둔다.
- 좁은 방인데도 소파가 놓여 있다면 외향적이다.
- 사무실은 전체적으로 명랑하고, 환대하는 분위기다.
- 자신이나 주위 사람들의 사진, 친구 혹은 동료와 연대감을 느낄 수 있는 장식을 비롯해 성취와 가치관에 관련된 읽을거리로 사무실을 꾸민다. 또한 화분이나 아이팟, 오디오 같은 음향기기 등을 설치해 안락한 공간을 만든다.
- 서핑보드, 스노보드, 스케이트보드가 보이면 자극적인 것을 추구하는 사람이다. 더구나 이런 것을 벽장 같은 곳에 보관하지 않고 눈에 잘 띄는 곳에 보관하고 있다면, 이런 것을 자랑하고 싶은 욕구가 있는 사람이다.
- 힘차게 악수를 하는 사람들은 덜 내성적이고, 덜 신경질적이며, 덜 소심한 경향이 있다.
- 긍정적인 언어를 많이 사용하고, 부정적인 언어를 사용하는 것을 피한다.
- 외향적이면 이메일 아이디가 활기차다. 내성적이면 주로 의미 없는 아이디를 사용한다.

• 출입문에서 봤을 때, 의자의 등이 보이도록 의자와 책상이 배치
되어 있으면, 내성적이고 개인적이다.

2 가망고객이라면

외향적인 가망고객은 말을 많이 하고 자기 생각을 잘 표현하므로
앞에서 설명한 질문법을 사용하는 것이 가장 적절하다. 영업인은 적
절한 질문으로 말을 하도록 유도하여 가망고객의 구매 욕구를 끌어
올릴 수 있다. 다만 외향적인 가망고객은 대화를 하다 보면 엉뚱한
주제로 대화가 넘어갈지 모르므로 주의해야 한다.

외향적인 사람들은 제품으로 자신을 나타내려는 욕구가 있다. 따
라서 제품을 구입했을 때의 모습을 그림으로 그릴 수 있도록 유도하
는 것이 좋다. 이 방법으로는 해결질문법이 유용하다. "이 제품을 구
입하시면 얼마나 멋있겠어요?", "이 자동차를 타시면 다들 부러워
하실 걸요?", "이 자동차로 출퇴근을 하시면 멋질 것 같지 않아요?",
"이 제품으로 얼굴이 깨끗해지면 직장에서 인기가 올라가겠죠, 그렇
지 않나요?"와 같은 질문과 대화는 외향적인 가망고객의 구매 욕구
를 자극할 것이다.

문제는 가망고객이 말이 없는 내성적인 성격일 경우다. 영업인이
아무리 말을 걸고 질문을 해도 고객이 자기 생각을 말하지 않으면 답
답할 수밖에 없다. 이런 사람들은 모르는 사람에게는 말을 잘 안 하

지만, 믿을만하다고 생각하는 사람에게는 입을 연다. 따라서 깊이 공
감하고 있다는 사실을 보여주고, 고객의 편이라는 것을 알게 해야 한
다. 그러기 위해서는 신뢰를 쌓는 게 우선이다. 그 후에 질문으로 고
객의 문제를 파악하고, 상품의 장점과 특징을 설명해야 한다.

동조성에 따른
고객 대응법

동조성이 높은 사람들은 남에게 도움을 주고, 사심이 없으며, 동정심이 많고, 친절하며, 용서하고, 신뢰하고, 사려 깊으며, 협조적이다. 그리고 이들 대부분은 사람들을 공정하고, 정직하며, 좋은 의도를 가지고 있다고 생각한다. 이런 사람들은 다른 사람들을 대할 때 가식적으로 대하거나 속이지 않는다. 솔직하고 숨김이 없으며 진실하다.

또한 다른 사람을 도와주는 것에서 기쁨을 느끼며, 희생이라고 생각하기보다는 성취라고 여긴다. 그들은 마음이 여리고 인정이 많으며, 다른 사람들의 고통을 자기 일처럼 생생하게 느끼고 쉽게 연민의 감정을 느낀다.

하지만 동조성이 낮은 사람들은 다른 사람의 단점이나 잘못된 점을 찾는 데 있어 예리하다. 그리고 다투기를 좋아하며, 비판적이고, 가혹

하며, 냉담하고, 퉁명스럽다. 또한 이런 사람들은 자신의 의견이 확실하고, 무뚝뚝하며, 다른 사람의 감정을 다치지 않게 하려는 배려심이 별로 없다.

1 스누핑

- 동조성이 높은 사람은 부드러운 얼굴 생김새를 갖고 있다.
- 친근한 표현을 자주 하고, 명랑하고, 편안해 보인다.
- 사람이 많이 지나다니는 위치에 사무실이 있다.
- 그에 반해 동조성이 낮은 사람은 다른 사람들과 멀리 떨어진 곳에 앉는 경향이 있다.

2 가망고객이라면

가망고객이 동조성이 높은 사람이라면 영업인을 호의적으로 대할 것이다. 이런 가망고객을 만나면 영업인도 편하다. 큰 실수만 하지 않는다면 웬만한 것은 다 이해하고 영업인의 처지에서 생각하고 배려한다.

이런 고객에게는 마음을 열고 솔직하게 대해야 하며, 사람들의 관심사에 대한 이야기를 많이 하는 게 좋다. 다른 이유보다는 당신을 좋아하고 신뢰하기 때문에 구매할 확률이 높다. 이런 고객을 많이 확보하고 있으면 고객관리에 최선을 다해야 한다. 충분한 신뢰만 얻는다면 가망고객을 많이 소개시켜 주기 때문이다.

문제는 동조성이 낮은 사람들이다. 이들이 가망고객이라면 골치가 아프다. 처음 만날 때부터 이들은 영업인을 냉담하게 대하고, 퉁명스럽게 대한다. 영업인의 기분이 상하건 말건 전혀 마음을 쓰지 않으므로 상처가 되는 말을 아무렇지 않게 한다. 또한 따지기를 좋아하고, 자신이 늘 옳다고 생각하며, 다른 사람이 자신을 이해해 주기를 원한다.

영업 초기에 이런 가망고객을 만나면 자존심이 상해 영업을 계속해야 하나 말아야 하나 갈등하게 마련이다. 이런 고객에게는 최대한 정중하고 예의 바르게 대해 트집을 잡히지 말아야 한다. 칭찬으로 치켜세우면 좋아한다.

그리고 만약에 이런 고객이 심하게 따진다면 이렇게 대응하라. "잘 지적해 주셨습니다. 고객님 말씀을 제가 확실히 이해했는지 확인할 수 있도록 한 번만 더 말씀을 해주시겠습니까?"라고 말이다. 이렇게 함으로써 당신은 두 가지 효과를 얻을 수 있다. 당신이 고객의 말을 들으려고 노력하고 있음을 보여주고, 고객이 하는 말을 중요하게 여긴다는 것을 보여줄 수 있다.

이러한 고객은 자신이 제기한 문제를 반복할 때는 대개 목소리 크기가 작아지는 경향이 있다. 이런 고객을 상대할 때는 설령 틀렸다고 할지라도 고객의 말에 반론을 하거나 맞서지 않도록 해야 한다. 그런 고객은 먼저 할 말을 다하도록 내버려 둬라. 후련하게 털어놓게 해서 화를 발산하게 하라. 다 쏟아놓고 나서 당신이 자신에게 관심을 보이고 있으며 자기를 걱정하고 있다는 것을 알게 되면, 마음이 열리고 구매 가능성은 크게 높아질 것이다.

만약 이런 고객이 영업인을 곤란에 빠지게 할 목적으로 질문을 한다면 기쁜 표정으로 이렇게 대응하면 된다. "고객님께서 그 질문을 해주시니 정말 고맙습니다. 그 질문이 바로 핵심을 찌르고 있거든요. 제가 하고 싶은 말씀을 해주시니 고객님과 저는 통하는 게 있는 것 같네요"라고 말이다. 이런 고객에게 발끈하거나 기분 나쁜 표정을 지어서는 좋은 성과를 낼 수 없다.

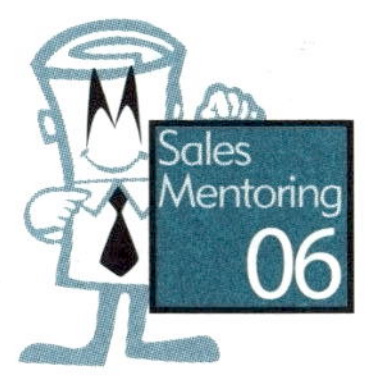

신경성에 따른
고객 대응법

신경성이 높은 사람들은 쉽게 동요하거나, 우울해하며, 걱정이 많고, 침울하다. 불안감이 높아 뭔가 위험한 일이 일어날지도 모른다고 생각해 늘 긴장하고, 신경과민이며, 안절부절하는 경향이 있다. 그리고 공정한 대우를 받지 못하는 것에 매우 민감하며, 다른 사람에게 속으면 분개하고, 비통해하며, 활기가 없고, 어떤 일을 시작하는데 어려움을 느낀다. 또한 무절제한 경향도 있어 순간적인 쾌락이나 보상에 대한 강렬한 욕구나 충동을 참지 못하고 쉽게 상처받는 경향이 있으며, 스트레스나 압박을 받을 때 공황상태에 빠지거나 무력감을 느낀다.

반면에 신경성이 낮은 사람들은 침착하고 편안하며, 스트레스를 잘 다스릴 줄 알고 심리적으로 안정되어 있다.

1 스누핑

- 신경성이 높은 사람들은 어두운 색상의 옷을 주로 입는데, 그 옷은 어두운 내면심리를 반영한다.
- 스스로를 진정시키기 위해 고무적인 메시지를 강조하는 포스터들로 장식을 한다.
- 대체로 부정적인 단어를 많이 사용하고, 긍정적인 단어들을 적게 사용한다.
- 1인칭 대명사를 자기 중심적인 단어로 생각한다. 남성보다는 여성이, 지위가 높은 사람보다는 낮은 사람이, 감수성이 높은 시인이나 우울증을 앓는 사람이 1인칭 대명사를 많이 사용한다.

2 가망고객이라면

신경성이 높은 가망고객은 의심과 걱정이 많아 답답할 정도로 질문이 많다. 그래도 절대 답답해하거나 짜증을 내지 말고 끝까지 말을 듣는 게 중요하며, 중간에 고객의 말을 끊지 말아야 한다. 걱정거리나 불만을 이야기하면 "옳습니다", "정확히 보셨어요", "다른 분들도 다 그런 점을 걱정하시죠"라고 맞장구를 치며 고객의 말을 끝까지 경청한다.

그러고 나서 "많은 분들이 고객님처럼 생각하지만, 사실은……" 이라고 하면서 증거나 이유를 정확히 이야기해 설득을 해야 한다. 영업인이 머뭇거리거나 자신감이 부족해 보이면 신뢰를 줄 수 없다. 그런 고객들이 제품을 구매할 때 두려워하는 것은 과연 이 제품이 효과가 있는가 하는 점이다. 그런 두려움을 없애려면 "효과가 없으면 돈을 돌려드리겠습니다" 또는 "효과가 없으면 반품해도 됩니다"와 같이 자신 있게 말하면 된다.

"고객님께서 이 제품에 만족하시리라는 것을 제가 보증합니다. 고객님께서 좋은 결정을 하셨다고 느끼실 수 있도록 개인적으로 무엇이든 해드릴 수 있습니다. 저희 제품을 한 번 이용해 보십시오. 진심으로 드리는 말씀입니다"와 같은 말은 영업인이 제품에 확신이 없다면 도저히 할 수 없는 말이다. 이와 같이 확신에 찬 약속은 이런 고객에게 신뢰감을 줘 판매에 큰 도움이 된다.

이처럼 스누핑으로 고객의 성격을 알아내는 것은 고객을 조종하고 이용하려는 목적이 아니라 고객을 이해하기 위한 것이다. 고객을 좀 더 잘 이해해야 고객의 욕구를 채워줄 수 있기 때문이다.

역할극으로 연습하라

영업에서 철저한 준비는 무엇보다 중요하다. 이 책을 읽고 무릎을 치며 '진작 알았더라면!'이라고 하더라도 책의 내용을 연습하여 내 것으로 만들지 못하면 다음에 고객을 만나더라도 똑같다. 당신은 돌발적인 상황에서 당황할 것이고, 고객은 당신을 의심의 눈으로 쳐다볼 것이다. 영업의 모든 과정은 한순간 한순간이 중요한데 작은 실수로 낭패를 보는 일이 잦다면 탁월한 성과를 낼 수 없다.

영업을 처음 시작하는 사람이라면, 고객을 처음 만나 인사하는 것부터 시작해서 마무리를 할 때까지의 전 과정을 대본으로 만들어 보는 것이 반드시 필요하다. 배우가 대본 없이 무대에 서는 것은 있을 수 없는 일이다. 영업인도 대본을 만들어 자연스럽게 연기가 될 때까지 연습한다면, 지금보다 나은 성과를 얻을 수 있을 것이다.

하지만 그 대본을 만들 때 중요한 것이 있다. 내가 주인공이 아니라 고객을 주인공이어야 한다. 자, 그럼 지금까지 익힌 기술을 이용하여 역할극을 만들어 보자.

01. 첫인상을 어떻게 만들지 생각하라

머리 모양, 옷, 액세서리, 구두, 화장 등을 하나하나 점검하면서 고객을 만날 준비를 하라. 무엇 하나 사소한 것이 없다. 어느 것 한 가지 때문에 고객에게 좋은 인상을 심어주지 못한다면, 100% 당신이 손해다. 고객은 손해볼 것이 없다.

02. 처음 하는 말이 중요하다.

"안녕하세요. OO회사 OOO입니다"라고 인사하고 바로 전단지를 내밀 것인가 아니면 뭔가 다른 말을 할 것인가. 우선 이것을 고민해 대본을 만들어야 한다. 그러고 나면 고객의 마음을 열 수 있는 한마디가 중요하다. 칭찬을 할 것인가, 호기심을 불러일으킬 뉴스를 전할 것인가, 아니면 질문을 할 것인가.

이때 남들이 안 하는 말을 하는 것이 중요하다. 창의성은 이때 필요한 것이다. 고객이 어떤 말을 했을 때 좋아하는지, 어떤 말을 했을 때 하던 일을 멈추고 당신의 얼굴을 쳐다볼지 생각해 보라. 경험이 많다면 경험적으로 하면 될 것이다.

만약 당신이 이제 영업을 처음 시작하는 초보라면 생각하고 생각하라. 잘 모르겠으면 선배들을 따라다니며 배워라. 선배들은 어떻게 고객이 하던 일을 멈추고 영업인에게 관심을 보이게 하는지 관찰하라.

03. 핵심은 고객이 얻는 혜택을 강조하는 것이다.

대본을 쓸 때 가장 중요한 것은 고객이 얻게 될 혜택을 강조하는 것이다. 이때, 고객의 언어로 말하는 것이 중요하다. 적당한 전문용어가 당신을 전문가로 보이게 할 수도 있다. 그렇다고 해서 전문용어를 지나치게 남발하면 안 된다. 자주 사용하지 않는 전문용어의 경우, 고객이 자존심에 상처를 입지 않도록 알기 쉽게 설명하는 것도 필요하다.

고객이 얻을 혜택이 너무 많으면 없는 것이나 마찬가지다. 3가지 정도가 가장 적절하다. 다른 고객이 당신의 제품으로 어떤 혜택을 받았는지 사례를 곁들인다면, 구매 욕구가 훨씬 높아질 것이다.

영업을 하다 보면 잔재주가 한두 번은 통할 수도 있을 것이다. 그러나 고객과 길게 거래를 하고 싶으면 그보다는 신뢰를 쌓아야 한다. 첫인상이 다소 좋지 않더라도 진실한 마음을 보인다면, 고객의 신뢰를 얻을 수 있다. 설득요령, 가격협상, 마무리 기법 등도 마찬가지다. 이런 기술에 앞서 고객을 진정 위하는 마음이 중요하다. 영업은 물건을 파는 게 아니라 자기 자신을 파는 것이라는 말은 그래서 값지다.

필자는 영업 현장에 오랫동안 있으면서 수많은 영업인들을 지켜보았다. 많은 영업인들이 몇 개월, 길어야 1년 안에 이직하는 현실이 안타까웠다. 반면 10년, 20년을 꾸준히 해서 돈도 벌고, 명예도 얻고, 보람도 얻는 영업인들도 많이 보았다.

그들은 영업을 기교나 기술로 생각하지 않았다. 그들의 가장 큰 공통점은 열정과 성실함, 그리고 진실에 있었다. 이런 덕목들을 갖춘 사람들은 말이 다소 어눌해도, 첫인상이 별로 좋지 않아도, 공부를 그리 많이 하지 않았어도 영업 현장에서 고객의 두터운 신뢰를 얻어 성공했다.

이 책은 필자가 쓴 세 번째 책이다. 영업 현장에서 고군분투를 하고 있는 분들에게 도움을 주려고 쓰게 되었다. 누누이 말하지만, 영업은 이론보다는 실행이 중요하다. 일단 부딪치는 실행력이 없이 책만 탐독해서는 탁월한 성과를 낼 수 없다. 책을 읽고 배운 것은 오늘 당장 현장에서 써먹어야 한다.

혹 이 책에 있는 내용이 고객에게 안 먹힐 수도 있을 것이다. 그 이유는 두 가지다. 첫 번째 원인은 아직 책 내용을 완벽하게 소화하지 못한 것이고, 두 번째 원인은 고객마다 다르기 때문이다. 따라서 책 내용을 완벽하게 내 것으로 만드는 연습이 필요하다. 그러다 보면 고객에 맞춰 적용할 수 있는 여유도 생길 것이다.

마지막으로 영업 현장에서 여전히 유용한 말로 여겨지고 있는 찰스 다윈이 말을 인용한다.

"가장 강한 종이 살아남는 게 아니다. 가장 똑똑한 종이 살아남는 것도 아니다. 변화에 가장 잘 적응하는 종이 살아남는다."

세 번째 책 출간에 부쳐

세 번째 책을 마침내 출간하게 되었다. 겁 없이 시작했던 첫 번째 책과 두 번째 책에 이어 매년 한 권씩 책으로 독자들과 소통하리라던 계획에 차질이 생겼다. 늦었지만, 뒤늦게나마 다시금 독자들과의 조우에 그저 감사할 따름이다.

항상 그렇지만, 이번에도 책을 출간하는 데 있어 물심양면으로 많은 사람들의 지원이 있었다. 만약 그들이 옆에서 용기를 주지 않고, 격려를 하지 않았다면 아마 종이 앞에 무릎을 꿇지 않았을까 싶다. 비록 그들의 성의에 답을 다하지는 못하겠지만, 작은 지면을 통해서라도 심심한 감사의 말을 전하고 싶다.

우선 지금의 필자가 있게끔 수많은 격려를 아끼지 않은 유니베라 수지대리점 식구들에게 고맙다는 말을 전한다. 아울러 끊임없이 에너지를 주신 전국의 유니베라 식구들에게도 감사의 말씀을 올린다. 그분들은 감사를 넘어 존경의 대상들이다.

또한 몇몇 대학 동기들에게도 고마운 마음을 전한다. 구정회 한국도로공사 팀장, 최병준 대림산업 부장, 김종헌 조은노무법인 대표 노무사, 김회구 대통령실 정무2 비서관, 오대환 원월드에듀케이션 이사, 유승주 하나은행 지점장, 이기홍 우리은행 뉴욕 지사장, 이종진 국민은행 지점장, 이충원 SC제일은행 부장, 임영록 신세계백화점 상무, 조진우 여성가족부 권익증진국장에게도 고마움을 전한다.

이들은 흰머리에 배는 나왔지만, 마음만은 여전히 스물이다. 이 친구들과 두 달에 한 번 산에 오르는 일은 무엇과도 비교할 수 없는 즐거움이다. 하산 후 마시는 막걸리는 세월을 거스를 수 있는 용기와 책을 집필할 수 있는 힘을 주었다.

끝으로 집필로 인해 가정에 소홀했던 필자를 배려해준 사랑하는 가족들과 부족한 책이지만 인내심을 가지고 읽어준 영업인과 독자들에게 감사의 말씀을 드린다.

오정환 세일즈 · 리더십 아카데미
교육 프로그램

1. 열정으로 무장하는 세일즈 정신력

세일즈의 시작은 정신력에서 비롯됩니다. 무엇보다 강한 의지와 정신력을 가지면 어떤 상황에서든 이겨낼 수 있습니다.

- 강의 내용 | 나의 약점 고치기, 영업 편견 없애기, 자신감을 기르는 법, 프로 영업인 되는 길, 자부심을 기르는 법, 삶을 변화시키는 질문의 기술, 여성이 영업에 유리한 이유, 마음 고치기

2. 탁월한 성과를 내는 세일즈 기법

세일즈를 완성시키는 것은 바로 기술력입니다. 기술력을 갖추면 그 성과는 이전보다 훨씬 향상될 수 있습니다.

- 강의 내용 | 고객의 성격 바로 알기, 첫인상을 좋게 하는 법, 고객의 신뢰를 얻는 법, 고객과 공감대 만들기, 가망고객 찾기, 활동계획 세우기, 고객이 살 수밖에 없는 질문법, 고객을 칭찬하는 법, 개척판매 하는 법, 고객 성격별 대응전략, 효과적인 제품 설명법, 다양한 마무리 기법, 거절과 불만을 처리하는 법, 고객을 관리하는 법, 세일즈 대화법, 고객의 구매심리

3. 성공으로 이끄는 리더십/자기계발/동기부여

성공은 그저 만들어지는 것이 아닙니다. 성공을 원한다면 그 방법부터 알아가는 것이 무엇보다 중요합니다.

- 강의 내용 | 인생을 바꾸는 질문, 꿈을 현실로 만드는 방법, 시간 관리 요령, 성공을 이끄는 질문법, 성격과 약점 고치기, 유쾌한 대화법, 좋은 인간관계 맺는 법, 다른 사람과 소통하는 법, 시간을 보는 법, 질문 리더십, 긍정 심리학, 리더가 실패하는 원인, 동기부여의 심리학, 재능을 키우는 방법, 동기부여를 위한 의사소통의 기술, 조직을 변화시키는 방법, 마음 고치기

- 강의 문의_ 호이테북스
- Tel_ 02)323-4421, e-mail : kjs9653@hotmail.com